Fritz Ehrenberg

# Der praktische Rosenzüchter

*Fritz Ehrenberg*

**Der praktische Rosenzüchter**

---

*ISBN/EAN: 9783845724874*

*Erscheinungsjahr: 2012*

*Erscheinungsort: Bremen, Deutschland*

*© Unikum in Europäischer Hochschulverlag GmbH & Co. KG, Fahrenheitstr. 1, 28359 Bremen. Alle Rechte beim Verlag und bei den jeweiligen Lizenzgebern.*

*www.unikum-verlag.de | office@unikum-verlag.de*

*Bei diesem Titel handelt es sich um den Nachdruck eines historischen, lange vergriffenen Buches. Da elektronische Druckvorlagen für diese Titel nicht existieren, musste auf alte Vorlagen zurückgegriffen werden. Hieraus zwangsläufig resultierende Qualitätsverluste bitten wir zu entschuldigen.*

*Fritz Ehrenberg*

# Der praktische Rosenzüchter

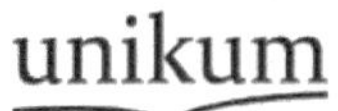

# Der

# practische Rosenzüchter.

Das Wesentlichste der Rosenzucht nach eigenen practischen Erfahrungen kurz zusammengestellt und durch Abbildungen erläutert, nebst beschreibendem Verzeichnisse eines Mustersortimentes zum Gebrauche für Gärtner.

Von

**Fritz Ehrenberg,**

Kunstgärtner.

Berlin, S. W.

Verlag von Friedrich Stahn,

Wilhelmstraße 22 a.

# Vorwort.

Kein Zweig der Gärtnerei ist wohl in letzter Zeit mehr von allen Fachleuten beachtet worden, als die Rosenzucht im weitesten Sinne. Nicht nur, daß es eine große Anzahl von Specialcultivateuren giebt, die sich hauptsächlich mit der Massenanzucht der Rose befassen, zieht auch fast jeder Handelsgärtner eine je nach seinem Bedarf größere oder geringere Anzahl Rosen in jeder der im Handel üblichen Formen. Es liegt hierin ein Beweis, daß die Rosencultur immer noch zu den lohnenderen gehört, trotzdem die heutigen Rosenpreise früheren gegenüber nicht unerheblich gedrückt worden sind.

Eine gesteigerte Ueberfüllung des Rosenmarktes, sowie eine weitere Entwerthung ist aber trotz der sehr vermehrten Production schon deshalb nicht anzunehmen, weil in einer bald größeren, bald kleineren Reihe von Jahren ein Winter auftritt, der fast alle edlen Rosen in den Privatgärten zerstört und die in milden Climaten (Frankreich, Belgien, Holland) belegenen Rosenschulen, deren Bestände gewöhnlich nicht mit genügendem Winterschutze versehen werden, ganz erheblich in ihrer Leistungsfähigkeit schwächt, so daß die deutschen Züchter mit ihren besser verwahrten Schulen den Ausfall decken und nach genannten Ländern liefern müssen.

Es ist auf diese Weise der Rosenhandel in so erheblichem Maße gestiegen, daß selbst an Orten, die früher ganz auf fremde Lieferung angewiesen waren, Rosenschulen in mehr oder minder bedeutender Ausdehnung entstanden sind. Die natürliche Folge hiervon ist, daß eine große Masse sehr mittelmäßiger Waare zum Nachtheile der Käufer und Verkäufer an den Markt kommt; die betreffenden Züchter sind zu wenig mit der ihnen noch neuen Rosenzucht und den günstigen Verhältnissen derselben bekannt, wie auch fremde Erfahrungen ihnen entweder nicht zugänglich oder unbekannt sind.

Eine große Anzahl Bücher, welche die Rose und deren Cultur behandeln, sind sehr schöne Bilderwerke, ja, zum Theil von wahrhaft künstlerischer Ausführung, andere wiederum geben rationelle Anleitung zur Rosencultur, sind aber ihrem ganzen Zuschnitte nach mehr für den Privat-, als für die Handelsgärtnerei berechnet. Die darin beschriebenen Culturmethoden sind gewiß gut und bewährt, mögen auch, als die Rosen noch höhere Preise im Handel erzielten, anwendbar gewesen sein, heute aber, wo die Preise viel niedriger sind, als früher, müssen billigere und dennoch gut bewährte Culturverfahren angewandt werden, so daß sie nicht einen zu hohen Procentsatz des Verkaufspreises absorbiren und dadurch die Rentabilität der ganzen Cultur in Frage stellen.

Verhältnißmäßig nur wenige Werke sind wirklich für den Handelsgärtner berechnet, und dieser Umstand veranlaßte mich, meine während einer längeren Reihe von Jahren in den verschiedensten, theilweise sehr schwierigen und ungünstigen Verhältnissen gesammelten Erfahrungen über die practische Rosencultur zusammenzustellen. Mancher Züchter mag darin nur wenig wesentlich Neues finden, dennoch glaube ich, mehrere practische, noch wenig angewandte und gewürdigte Verfahren bekannt und größeren Kreisen zugänglich zu machen.

Gleichzeitig war ich sorgsam bemüht, den Umfang dieses Werkchens möglichst zu beschränken, um dessen Preis so stellen zu können, daß seine Anschaffung Jedermann ohne größeres Opfer leicht möglich ist. Zum leichteren Verständniß fügte ich eine Anzahl kleiner Abbildungen bei, die oft bessere Dienste leisten, als lange Beschreibungen. Eine Erklärung der angewandten, fachmännischen Ausdrücke hielt ich nicht für nöthig, da deren Kenntniß in Gärtnerkreisen wohl als selbstverständlich vorausgesetzt werden darf. Somit empfehle ich denn dieses Werkchen nicht nur allen Züchtern, die Rosencultur im Großen betreiben, sondern auch allen Gärtnern, die nur ihren eigenen Bedarf ziehen wollen, wie auch allen Gärtnergehülfen, überhaupt allen Collegen, die sich für Rosenzucht interessiren, zur freundlichen Beachtung.

Der Verfasser.

# I. Capitel.

## Ueber Boden, Feuchtigkeitsverhältnisse und Lage.

Für die Rose ist ein milder, nicht zu schwerer Lehmboden der zuträglichste, doch kann man in jedem Boden, vom schwersten Lehm bis zum leichten Sande, mit Vortheil Rosen ziehen, wenn die Haupterfordernisse: reichliche Feuchtigkeit und passender Dünger vorhanden sind. Die der Rosenzucht günstigsten Bodenarten sind solche, die neben einer unkrautfreien, genügend starken Culturbodenschicht einen nicht zu warmen, recht feuchten Untergrund haben, dessen Grundwasserstand überdies nicht zu tief liegt. Es muß neben diesen Bedingungen noch derart für einen Wasserabzug gesorgt sein, daß bei sehr heftigen, anhaltenden Niederschlägen, Schmelzen großer Schneemassen, periodischen Ueberschwemmungen und ähnlichen Elementarereignissen kein längeres Stehen großer Wasserlachen möglich ist, was sehr leicht durch Anlage kleiner Abzugsgräben oder eine schwache Neigung des Bodens erreicht wird.

Die billigste und vortheilhafteste Vorbereitung für den Boden ist folgende: Das für Rosenanpflanzung bestimmte Terrain wird im Winter oder im Frühjahr vor der Bepflanzung mit dem an Ort und Stelle gebräuchlichen Dünger wie zur Feldcultur reichlich gedüngt, tief und sorgfältig umgegraben oder bei größerer Ausdehnung recht tief gepflügt und mit einer Hackfrucht oder sonst einer beliebigen Culturpflanze, die eine sorgfältige Reinerhaltung des Bodens beansprucht, bestellt. Nach im Herbste erfolgter Aberntung und nochmaligem Umgraben oder Pflügen ist das Land zur Pflanzung, deren Beschreibung später gegeben wird, genügend vorbereitet.

Ein Rigolen des Bodens ist nur dann vortheilhaft, wenn durch flachstehende Bodenschichten eine Vermischung und damit verbundene Verbesserung der Culturbodenschicht bezweckt würde, also wenn man bei beispielsweise 8 bis 10 Decimeter tiefem Rigolen in leichtem Sandboden eine Lehmschicht, oder bei schwerem Thon- oder Lehm-Boden in gleicher Tiefe eine Sandschicht antreffen würde. Ist dieses nicht der Fall, so ist auch das Rigolen nicht zu empfehlen, da die Bewurzelung der Rose eine für deren Verkauf weit vortheilhaftere wird, wenn man die Wurzeln in einer möglichst beschränkten Bodenschicht zusammenzuhalten sucht. In rigoltem Boden besonders wird man, wenn derselbe schwer ist, nur sehr wenig Faserwurzeln erzielen. Die Rose macht in solchem Boden lange, bindfadenartige Wurzeln, die von ihrem Ursprunge ziemlich entfernt erst Faserwurzeln in beschränkter Menge bilden, und diese wenigen werden so weit vom Stamme und so tief im Boden gebildet sein, daß sie beim Ausgraben der Rosen in den meisten Fällen verloren gehen. Ist der Boden dagegen nicht rigolt und sorgt man für eine angemessene Düngung (siehe später), so werden die Wurzeln in einer sehr beschränkten Bodenschicht zusammenbleiben, und dadurch ist ein höchst wichtiger Zweck erreicht.

Außer in den angegebenen Fällen ist nur dann ein immer mit größeren Kosten verknüpftes Rigolen zu rechtfertigen, wenn man in sehr krautreichem Boden eine Zerstörung der Wurzelunkräuter und Gewinnung einer reinen Bodenkrume damit erzielt. Soll dies vollständig erreicht werden, so ist aber auch ein tieferes Bearbeiten des Bodens (bei leichtem Boden bis 1,2 Meter Tiefe) erforderlich.

Hält man ein Stück Land für nicht recht geeignet, so kann man ein zu schweres Terrain durch Mischung mit gewöhnlicher Steinkohlenasche oder grobem Flußsande leichter und größer, reinen Sand dagegen durch Mischung mit dem Schutte alter Lehmwände, Teichschlamm, dem Abgange der Landstraßen und ähnlichem Materiale bündiger und damit auch für die Rosenzucht geeigneter machen. Auch bei nicht ganz geeigneten Feuchtigkeitsverhältnissen läßt sich ohne weitere Kosten leicht nachhelfen, wie an geeigneter Stelle dargethan werden soll.

Was die Lage des Landes betrifft, so wähle man dieselbe möglichst frei. Die große Nähe hoher Gebäude, Bäume oder hohe Planken, Hecken und Mauern beeinträchtigen das Wachsthum der Rosen nicht nur sehr bedeutend, sondern begünstigen sogar die Entwickelung und rasche Vermehrung ihrer Feinde. Die Rose liebt unter allen Umständen einen freien luftigen Standort und ist selbst im freiesten Felde eine Pflanzung vortheilhafter, als in zu gedrückter, enger Lage. Glaubt man, in Folge einer für Rosenpflanzung sonst geeignet scheinenden Lage Zerstörungen durch den Wind fürchten zu müssen, so kann man denselben sehr gut durch einige Reihen Bohnenstangen, die man mit raschwachsenden Bohnensorten oder sonstigen Schlingpflanzen beranken läßt, brechen, ohne ihn freilich dadurch ganz zurückhalten zu können. Immerhin wird man keinen Schaden mehr durch Windbruch zu fürchten haben, wenn solche leichte Schutzpflanzung angebracht ist.

## 2. Capitel.

### Vom Wildling und seiner Beschaffenheit. Wildlingszucht.

Von größtem Einflusse auf das Gedeihen der veredelten Rosen ist der Wildling, dessen man sich zur Unterlage bedient. Als allgemeine Regel kann man annehmen, daß ein zwei- bis dreijähriger Wildlingsstamm für die Zucht edler Stammrosen immer den besten Erfolg verspricht. Derselbe muß schlank gewachsen sein, frei von den jedem Gärtner bekannten Brand- und Rost-Stellen, die sich theils in schwarzen, rauhen Polstern auf der Oberfläche des Stammes zeigen und in diesem Falle weniger gefährlich, als verunzierend sind, oder als braune glatte Stellen, hervorgerufen durch die bereits vollständig getödtete Rinde, erscheinen. In diesem Falle haben sie jedoch schon das Innere des Stammes theilweise zerstört und dann den damit behafteten Wildling bis unter die Wundstelle abwärts absolut untauglich gemacht. Auch auf Schäden durch Insecten gebe man Acht; zuweilen ist bei mehrjährigen Wildlingen das Innere des Stammes durch kleine Holzbienen, Wespen und ähnliche Thierchen leer genagt. Ist ein solcher Stamm auch nicht unbrauchbar, da das Mark als nur wenig saftleitende Substanz nicht von erheblichem Nutzen ist, so hat er immerhin nicht den Werth, wie ein gesunder, unbeschädigter Wildling.

Auch der vor dem Schulen des Wildlings von diesem innegehabte Standort ist von größtem Einflusse auf dessen ferneres Gedeihen und ist unter allen Umständen ein im Gebirge oder auf luftiger Ebene in steinigem, nicht zu tiefgründigem Boden gewachsener Wildling allen anderen vorzuziehen. Ganz besonders hüte man sich, in gewöhnlicher Baumschullage Wildlinge zu pflanzen, die in feuchten Climaten und nassem Boden gewachsen sind. Solche Wildlinge sehen gewöhnlich sehr verlockend aus, haben schöne, schlanke, gut gefärbte Triebe, sind aber wenig widerstandsfähig, sehr markig und trocknen, wenn nicht sehr feuchte Jahre sind, bis auf den bei Weitem größten Theil ihrer Höhe ein.

Was nun die Bewurzelung des Wildlings betrifft, so achte man darauf, daß die an und für sich bei der wilden Rose schon in geringer Zahl vorhandenen Wurzeln möglichst gut erhalten und nicht, wie es meistentheils der Fall ist, beim Ausgraben abgerissen oder doch bis zur Untauglichkeit verletzt werden und in diesem Falle entfernt werden müssen. Auch mache man die Sammler darauf aufmerksam, daß sie im eigenen Interesse die an den zu pflanzenden Wildlingen nicht nöthigen Wurzelstöcke beim Ausgraben in der Erde lassen, sowie kurze, krüppelhafte Stämme nicht roden, sondern dieselben ganz kurz abschneiden. Sie werden dann in zwei Jahren an allen solchen Stellen wieder kräftige, schöne Wildlinge vorfinden und können sich so auf lange Jahre hinaus, wenn sie verständig und vorsichtig arbeiten, eine geregelte Einnahmequelle erhalten.

Da die Rosenwildlinge nicht in dem Maße nachwachsen, als sie gesucht werden, die Forstcultur sie auch nicht mehr duldet, sondern gleich Brombeeren und ähnlichen Gehölzen als hinderliche Holzgewächse ausrottet, so ist bereits von einigen Züchtern der Anfang mit der Zucht von hochstämmigen Wildlingen aus Samen gemacht worden. Das dabei zu beobachtende Verfahren soll hier gleich angegeben werden.

Man beschaffe aus zuverlässiger Quelle Samen der **ächten Hundsrose** (Rosa canina). Derselbe hat die Eigenschaft, erst im zweiten Jahre nach der Aussaat zu keimen, wenn er nicht vorher sorgfältig präparirt wird, und selbst in diesem Falle keimt im ersten Jahre selten mehr, als die Hälfte. Da man aber, wenn der Samen gleich nach der Reife in's Land gesäet wird, dieses ein ganzes Jahr lang reinigen muß und hierbei leicht den Samen an die Oberfläche bringt, so empfiehlt sich folgendes Verfahren: Der Samen wird gleich nach der Reife mit dem Fruchtfleische leicht gequetscht und in eine Mischung von gelöschtem Kalk und Sand oder Asche gebracht und mit dieser so lange geschüttet, bis sich jedes Korn mit einer dünnen Schicht der Masse überzogen hat. Die ganze Mischung wird dann in eine Kiste gethan und an einen, gegen Mäuse gesicherten Ort gebracht, am vortheilhaftesten an feuchter Stelle in die Erde eingegraben. Hier bleibt sie ein volles Jahr, d. h. bis zum Herbste des Jahres nach der Ernte des Samens unberührt. Will man die Aussaat vornehmen, so zieht man auf einem gut gedüngten Stücke Land in einer Entfernung von 2 bis 3 Decimetern Rillen von fünf Centimetern Tiefe und streut den Samen hinein; er verträgt ein ziemlich dichtes Aussäen. Die Rillen füllt man dann mit einem kräftigen, gut vergangenen Compost zu. Im Frühjahre wird der Samen gleichmäßig und dicht aufgehen und hat man für gute Reinigung des Saatlandes Sorge zu tragen.

Sollten die Sämlinge stellenweise zu dicht zu stehen kommen oder hat man gut gedüngtes Land verfügbar, so muß man, sobald die jungen Pflänzchen mehrere Blätter gebildet haben, an den dichtesten Stellen so viel von den Sämlingen herausziehen, daß sie genügend dünn stehen. Die herausgezogenen Pflänzchen werden krautig, wie sie noch sind, auf Schulbeete versetzt oder piquirt. Man nimmt ihnen mit den Fingernägeln die Wurzelspitzen und pflanzt sie, 25 bis 30 Centimeter zwischen den Reihen lassend, in denselben jedoch ganz dicht, auf die Beete. Es gibt dies sehr kräftige, schön bewurzelte Pflanzen, die oft schon im Herbste des Jahres der Pflanzung genügend stark sind, um als Unterlagen bei niedrigen Veredelungen zu dienen.

Im Herbste des Jahres nimmt man die nichtverpflanzten Wildlinge heraus, schneidet ihnen die Wurzeln etwas ein, stutzt auch den Trieb bis auf ein oder zwei Augen und pflanzt sie mit einem Setzholze, oder wenn sie schon reicher bewurzelt sein sollten, in kleine Gräben, die man derart macht, daß man an der gespannten Schnure entlang mit dem Spaten in die Erde sticht und den Boden seitwärts abdrückt, in Reihen und ziemlich dicht aus. Die Reihen können, je nachdem man über mehr oder weniger Land verfügt, 3 bis 6 Decimeter von einander entfernt sein, wobei, wenn die größere Entfernung gewählt wird, im ersten Jahre eine einjährige Pflanze als Zwischencultur gebaut werden kann. Im Herbste werden die Rosen derart zurückgeschnitten, daß nur der stärkste Trieb, und von diesem nur ein bis zwei Augen bleiben. Alles übrige Holz wird gänzlich fortgenommen. Es werden sich dann aus den gebliebenen Augen sehr schöne Triebe entwickeln, von denen man gleich beim Entstehen die schwächeren alle entfernt und nur den kräftigsten ruhig wachsen läßt. Im Herbste oder zeitig im Frühjahre schneidet man wieder wie das erstemal und erhält dann in ganz außerordentlich günstigen Verhältnissen theilweise schon Triebe von genügender Stärke und vollständiger Hochstammhöhe. Ist dies nicht der Fall, so hat ein abermaliger Rückschnitt zu erfolgen, der dann gewiß das gewünschte Resultat bei der Mehrzahl der Wildlinge ergeben wird. Da die jungen Triebe markig und üppig gewachsen sind, so muß man alle die, welche zu Hochstämmen verpflanzt werden sollen, im Herbste ausgraben und entweder, was das Beste ist, gleich pflanzen oder bis zum Frühjahr geschützt einschlagen, da sie leicht durch den Frost leiden und auch bei anhaltenden, trockenen Winden oft bis auf die Hälfte der Stammhöhe herunter absterben.

Die Frage, ob aus Samen gezogene Wildlinge vortheilhafter sind, als in Wald und Feld gegrabene Stämme, wäre wohl dahin zu beantworten, daß beide annähernd den gleichen Werth für die Zucht haben; die Veredelung wächst auf beiden gleich gut. Hat der aus Samen in der Schule gezogene Wildling auch reichlichere und bessere Wurzeln, so ist dagegen der gerodete Stamm bedeutend härter und widerstandsfähiger gegen alle Witterungseinflüsse. Auch dürfte sich der Schulwildling ganz erheblich theurer stellen. Es ist daher gewiß anzurathen, so lange als thunlich aus guter Quelle Waldwildlinge zu kaufen.

Die Wildlingszucht wird nur dann einen guten Nutzen geben, wenn man Land, Dünger und Arbeitskräfte recht billig hat und die Zucht in sehr ausgedehntem Maße betreibt, das Land außerdem ohne große Vorbereitungen alle der Rosenzucht günstigen, schon früher aufgeführten Eigenschaften besitzt. An Absatzgebieten für die Waare wird es nie fehlen, auch erzielen die aus Samen in der Schule gezogenen Stämme fast immer einen weit höheren Preis, als die in Wald und Feld gegrabenen.

Von ganz besonderer Wichtigkeit für das Gedeihen einer Pflanzung und besonders für das mehr oder minder freudige Wachsthum der Veredelungen ist es, daß man von den vielen in Deutschland wild vorkommenden Gattungen wilder Rosen nur die Pflanze, die sich wirklich als **Unterlagen bewährt haben.** Einige Arten nehmen die Veredelung nur sehr schwer an, andere nehmen sie an, erhalten das Auge auch grün, bringen aber keinen ordentlichen Trieb aus demselben hervor und stoßen es schließlich ganz ab. Wieder andere treiben wohl, die Edelkrone bleibt aber auf ihnen schwach und geht in einigen Jahren ganz wieder zu Grunde. Nur die gewöhnliche Hundsrose eignet sich wirklich gut zur Unterlage in allen Verhältnissen und sollen deren besondere Kennzeichen hier kurz aufgeführt werden.

Die **Hundsrose** (Rosa canina) hat eine glänzende glatte Rinde, die lebhaft grün und nur in freier sonniger Lage auf einer Seite rothbraun gefärbt ist. Ein Hauptmerkmal sind die sehr starken, sichelförmigen Dornen, die mäßig zahlreich über Stamm und Zweige vertheilt sind. Die Blätter sind ganz glatt, scharf gesägt, glänzend dunkelgrün, länglich oval und in eine mäßig scharfe Spitze ausgehend. Die Blüthe ist, wie bei den meisten wilden Rosen, zartrosa, wohlriechend, in seltenen Fällen auch rein weiß. Die Frucht ist abweichend von denen der meisten andern wilden Rosen und deshalb gut kenntlich. Sie ist von allen wilden Rosen die längste, mäßig dick, ganz glatt und glänzend ziegelroth. Die Hundsrose ist von allen bei uns wildwachsenden Rosen die am häufigsten vorkommende, wächst an Waldrändern im Unterholze, auf kalkigen, kahlen Abhängen im Gebirge, auf Haiden, an Feldrändern und Gräben und in allen Höhenverhältnissen bis zu ziemlicher Erhebung hinauf.

Von den andern, bei uns vorkommenden Rosen kann man noch die folgende zur Veredelung benutzen, wenn sie sich, was fast immer der Fall ist, mehr oder minder häufig bei den Lieferungen zwischen Rosa canina vorfindet. Es ist dies die **filzblättrige Rose** (R. tomentosa). Sie ist im Wuchse schwächer, wie die Hundsrose, und an den Spitzen der Triebe, besonders auch auf der Unterseite der Blätter mit einem kurzen, grauen, wolligen Filze bekleidet. Das Holz an den jungen Zweigen ist trübe roth schattirt, das ältere Holz auch weniger glänzend, als bei R. canina. Die Frucht ist wenig gestreckt, fast kreiselförmig und am Grunde weichstachelig, auch nicht ganz so lebhaft gefärbt, wie die der R. canina.

Alle andern Rosen, wie R. pimpinellaefolia, R. odoratissima, alpina u. s. w., sind durchaus nicht als Unterlagen zu empfehlen, da sie, selbst wenn die Veredelung darauf anwächst, selten kräftige, schöne Kronen geben, noch seltener aber von langer Dauer sind. Findet man sie zwischen den Wildlingen, so thut man gut, sie auszuscheiden und gar nicht, oder doch allein zu pflanzen.

Von einigen zur Unterlage dienenden, bei uns aber nicht wildwachsenden Rosen soll noch später kurz die Rede sein.

---

# 3. Capitel.

## Schneiden und Sortiren, Pflanzen und Winterschutz der Wildlinge. Frühjahrsarbeit.

---

Bevor die Rosenwildlinge gepflanzt werden, müssen dieselben geschnitten und sortirt werden. Die meisten gerodeten Rosen haben mehr oder minder dicke Wurzelstöcke, die durch die Grabewerkzeuge arg beschädigt, auch gewöhnlich an ihrem äußeren Ende ohne feine Wurzeln sind. Diese Wurzelknorren müssen bis auf ein gewisses Maß entfernt werden, was am zweckmäßigsten mit einer scharfen Baumsäge geschieht, wenn man sich nicht der in französischen Rosenschulen häufig angewandten und sehr empfehlenswerthen, großen Scheere (Fig. 1) bedienen will. Die schneidenden Theile derselben gleichen in der Form denen einer guten Baum-

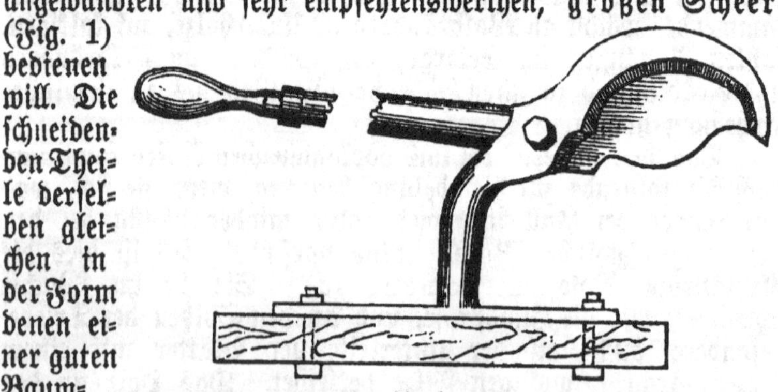

Fig. 1.

scheere in sehr vergrößertem Maßstabe. Die Scheere wird auf einem Tische oder einem starken Bocke befestigt und schneidet man mit derselben, da der eine sehr verlängerte Hebelarm einen starken Druck zuläßt, fast armsdicke Wurzeln verhältnißmäßig leicht. Die feineren Wurzeln werden mit einem scharfen Messer gekürzt, gleichzeitig auch von Sägeschnitten herrührende Wunden an den Rändern glattgeschnitten. Ferner sind am ganzen Wurzelstocke alle Ausläufergebilde, wie auch die sich an demselben entwickelnden Holzknospen gleichzeitig zu entfernen.

Mehrjährige Stämme haben gewöhnlich auf ihrer ganzen Länge Seitentriebe; von diesen schneidet man die obersten zwei oder drei auf fingerlange Zapfen, alle darunterstehenden dagegen werden möglichst glatt vom Stamme entfernt. Bei einjährigen Stämmen, die gewöhnlich nicht verzweigt sind, wird das obere peitschenförmige Ende eingekürzt und zwar so weit, daß der Stamm an der Schnittstelle die nöthige Veredelungsstärke, also die einer Bleifeder besitzt. Hat ein Stamm verunstaltende Krümmungen, so schneidet man ihn am vortheilhaftesten dicht unter diesen ab, um ihn zum Austreiben an der Stelle, an welcher das Oculiren vorgenommen werden muß, zu zwingen.

Gleichzeitig mit dem Schneiden der Wildlinge kann deren Sortiren vorgenommen werden und ist das Verfahren bei demselben davon abhängig, in welcher Weise die Pflanzung angelegt werden soll. In erster Linie werden alle Stämme mit sehr mangelhafter Bewurzelung ausgeschieden, um für sich allein geschult zu werden. Man ist dadurch sicherer, in der Schule weniger Lücken von nichtgewachsenen Stämmen zu erhalten. Dann ist es sehr zweckmäßig, ein Sortiren der Höhe nach vorzunehmen, und zwar derart, daß man die höchsten Stämme für Trauerrosen, die dann folgenden weniger hohen für die kräftig wachsenden Rosensorten mit zum Theil hängenden Blumen, dann wieder eine Größe für die gewöhnlichen Hochstämme (die bei Weitem am meisten gebraucht werden), eine andere für Halbstämme, und schließlich eine letzte für Niederstämme bestimmt. Es läßt sich bei diesem Sortiren kein ganz bestimmtes Maß feststellen, da die localen Verhältnisse und Gewohnheiten hierbei zu sehr in's Gewicht fallen. Doch können folgende Höhen als unter allen Umständen für die genannten Zwecke passend gelten:

Von der Wurzelkrone an gemessen:

Stämme für Trauerrosen 2 Meter und darüber,
Stämme für stark wachsende Sorten, besonders solche mit hängenden Blumen, von 1,7 Meter bis 2 Meter,
Stämme für Hochstammzucht von 1 Meter bis 1,7 Meter,

Stämme für Halbstammzucht von 50 Centimtr. bis 1 Mtr.,
Niederstämme bis 50 Centimeter.

Ein Sortiren nach der Höhe der Stämme wird bis jetzt wohl in den wenigsten Schulen vorgenommen, dennoch ist es von sehr großem Vortheile. Man sieht so oft schwachwachsende oder steif aufrechtwachsende Sorten auf hohe Stämme veredelt. Das eine ist so unschön und unzweckmäßig, wie das andere, dennoch kann es bei der für gewöhnlich üblichen Pflanzweise nur auf Kosten der Ordnung und Zuverlässigkeit vermieden werden. Hat man dagegen die Stämme sortirt, so oculirt man auf jede Höhe die ihr in Stärke und Form des Wuchses am meisten entsprechenden Sorten.

Was nun die Pflanzung selbst anbetrifft, so geschieht dieselbe am besten zeitig im Herbste und zwar aus folgenden Gründen. Decken muß man die Rosen, wenn man im Frühjahr zu pflanzen beabsichtigt, während des Winters doch, will man sich nicht der Gefahr aussetzen, sie durch Frost und trockene Winde beschädigen zu lassen. Der Hauptgrund aber, der für zeitige Herbstpflanzung spricht, ist der, daß die Rose, wie man sich sehr leicht überzeugen kann, schon im Herbste und bei sehr gelinder Kälte auch während des Winters neue Wurzeln in reicher Menge bildet, die, wenn man die Stämme im Frühjahre aus dem Einschlage nimmt, unfehlbar verloren gehen müssen. Daß überdies im Frühjahr sehr viele andere nöthige Arbeiten in jeder Gärtnerei vorliegen, sei nur nebenbei erwähnt.

Es sind bei dem Pflanzen der Rosenwildlinge zweierlei Methoden üblich, nämlich die einreihige und die doppelreihige Pflanzung.

Das Verfahren bei Beiden ist fast das gleiche, doch ist die einreihige Pflanzung aus verschiedenen Gründen vorzuziehen. Erstens ist es bei derselben leichter, Ordnung in den Sorten zu halten, zweitens sind die Stämme im Winter leichter zu decken, drittens leiden bei der einreihigen Pflanzung die Kronen bei starkem Winde, selbst bei sehr dichter Pflanzung, weniger durch Schlagen aneinander.

Bei keiner Pflanzung ist es nöthiger, einen genügenden Raum zwischen den Reihen zu lassen, als bei den Rosen. Bei zu enger Pflanzung ist nicht nur die Bearbeitung des Bodens eine sehr unbequeme und schwierige, auch das Veredeln geht viel langsamer vor sich, wenn das, was Weg sein sollte, ein Netzwerk verschlungener Zweige ist. Die Entfernung zwischen den Reihen soll, je nach dem mehr oder minder kräftigen Wachsthume in einer Schule, zwischen 7 Decimeter und einem Meter betragen. Immerhin ist es besser, die größere Entfernung zu wählen.

Will man mit dem Pflanzen der Rosen beginnen, so theilt man das Stück erst, wie üblich, ein, markirt die Reihen an den Endpunkten und setzt für einreihige Pflanzung einen auf einer Seite scharf nach der Schnur abgestochenen Pflanzgraben aus (Fig. 2). Derselbe muß die Breite eines Spatenstiches und eine Tiefe von 30 bis 35 Centimetern haben. In die Sohle des Grabens bringt man eine mäßige Schicht gut verrotteten, kräftigen Düngers oder fetten Compostes und bedeckt diese dann leicht mit Erde, damit eine unmittelbare Berührung der Wurzeln mit dem Dünger verhütet wird. Dann pflanzt man derart, daß ein Mann die Rosen in den Graben hineinhält, während der andere die Erde anwirft. Doch ist der Graben nicht gleich ganz zuzuwerfen, sondern man bringt nur so viel Erde an die Wurzeln des Wildlings, als nöthig ist, den Letztern in der gewünschten Lage festzuhalten. Soll das Pflanzen sehr geschwind gehen, so kann man die Stämme vorher längs des Grabens in der Weite vertheilen, wie man sie gepflanzt haben will. Es geht dies deshalb bedeutend schneller, weil, wenn der Mann, welcher die Stämme in den Graben hält, diese bündelweise im Arme hat, die mit hakenden Dornen besetzten, oft mit Wurzeln und Stämmen ineinander verwickelten Rosenwildlinge nicht so schnell pflanzrecht bereit haben kann, wie der zweite Mann die Erde anzuwerfen im Stande ist.

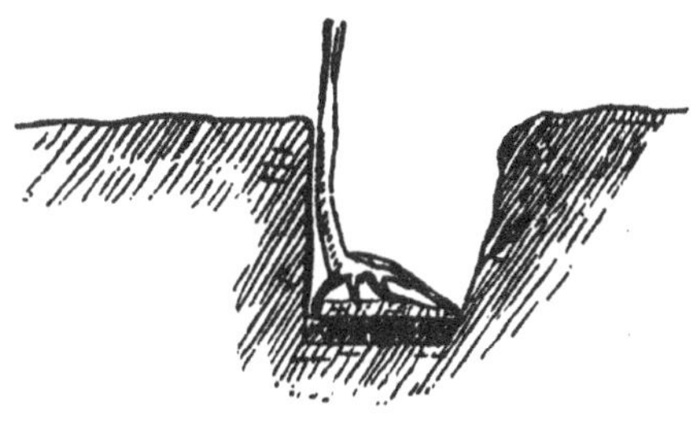

Fig. 2.

Was die Tiefe anbelangt, bis zu welcher der Wildling beim Pflanzen in den Boden kommen darf, so ist das von den localen Verhältnissen abhängig. In leichtem Boden kann man den Wildling immer bis 10 Centimeter tiefer setzen, als er ursprünglich stand, in schweren Bodenarten darf man nicht ganz so weit gehen. In allen Fällen darf und soll der Wildling in der Schule aber wenigstens etwas tiefer stehen, als an seinem früheren Standorte, da dies die Neubildung von Wurzeln wesentlich fördert. Die Stämme können dabei so dicht gesetzt werden, wie es die Wurzeln zulassen, also auf eine Entfernung von 25 bis 30 Centimetern, und zwar pflanze man nicht gerade, sondern gebe den Stämmen in der Längenrichtung des Grabens eine Neigung von der ungefähren Stärke eines halben rechten Winkels. (Fig. 3). Nur bei trockener Jahreszeit gießt man, bevor die Gräben vollständig zugeworfen werden, tüchtig an. Nachdem dies geschehen und das Wasser gut eingezogen ist, füllt man den Graben fertig

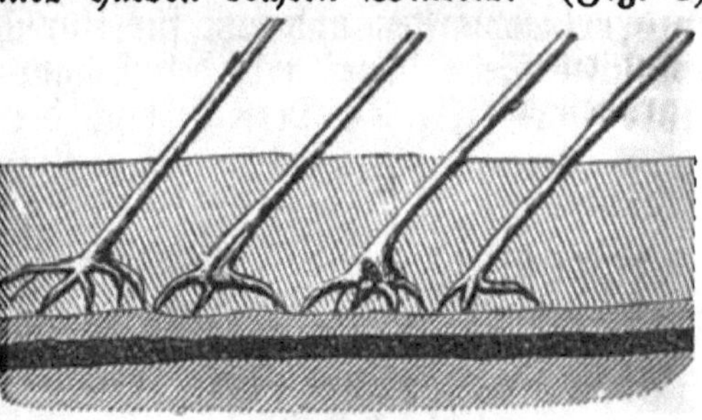

Fig. 3.

an und tritt die Erde an den Stämmen ordentlich fest, da die Rose ganz besonders einen festen Standort verlangt. Man tritt am Besten zuerst auf der Seite an, auf welcher sich der Graben befindet, dann auf der entgegengesetzten Seite. Im andern Falle würde man die Stämme aus der Richtung und zu sehr nach dem Graben hinein drücken.

Bei doppelreihiger Pflanzung werden beide Grabenkanten scharf nach der Schnur abgestochen und bei der oben erwähnten Tiefe dem Graben eine Breite von $1^1/_2$ Spatenstich gegeben, damit die von beiden Seiten nach der Mitte des Grabens zu gerichteten Wurzeln beider Reihen Wildlinge genügenden Platz finden. (Fig. 4). Die Pflanzung wird sachgemäß so gemacht, daß die höchsten Stämme in die, dem Wege am fernsten liegenden Reihen zu stehen kommen. Auf solche Weise gepflanzt, wird eine Rosenschule nicht nur viel ordentlicher aussehen, als eine solche,

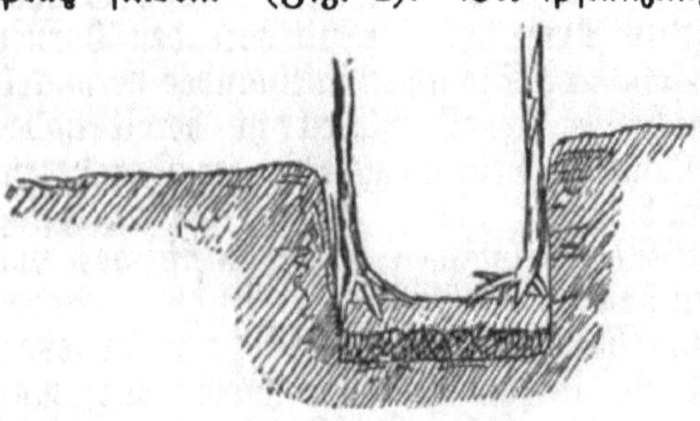

Fig. 4.

in der hohe und niedrige Stämme durcheinander gebracht wurden, sie wird, da fast jeder einzelne Stamm sichtbar ist, auch einen wirklich hübschen Anblick gewähren.

Will man die Mühe nicht scheuen, so giebt es noch ein sehr einfaches Verfahren, welches das Anwachsen der Stämme bedeutend erleichtern und fördern wird. Es besteht darin, daß man die Wurzeln vor dem Pflanzen in einen ziemlich dicken Lehmbrei taucht. Es ist dies von sehr großem Vortheile. Bei leichtem Boden bildet die den Wurzelstock umgebende Lehmkruste eine die Feuchtigkeit lange und gleichmäßig haltende Hülle, welche die Wurzelbildung außerordentlich fördert. Bei schweren, bündigen Bodenarten, in denen es leicht vorkommt, daß beim Pflanzen zwischen den Wurzeln leere Räume bleiben, verhindert die Lehmhülle das Erkranken oder Vertrocknen der Wurzeln an solchen freigebliebenen Stellen

Hier sei auch gleich erwähnt, in welcher Weise man besolchen Bodenarten verfährt, damit deren Feuchtigkeitsverhältnisse durch ein Zuviel oder Zuwenig der Pflanzung nicht nachtheilig werden könnten. Im ersteren Falle pflanzt man auf Dämme von mäßiger Höhe und Steilheit; der zwischen je zwei Dämmen entstehende Graben dient dann als Ableiter für die überflüssige Feuchtigkeit (Fig. 5).

Fig. 5.

Im zweiten Falle benutzt man die zwischen den Dämmen liegenden Furchen zum Pflanzen (Fig. 6); hierdurch bringt man die Wurzeln dem Grundwasser näher und führt ihnen das von

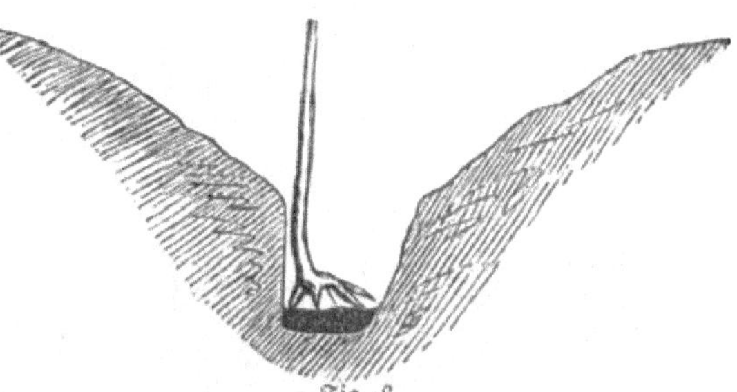

Fig. 6.

den Dämmen abfließende Tagwasser zu. In beiden Fällen wird man seine Erwartungen durchaus erfüllt sehen.

Ist die Pflanzung beendet, so muß man an den Winterschutz gehen. Man bindet zu diesem Zwecke die Rosen nieder, was in Folge des schrägen Pflanzens durchaus nicht mit Schwierigkeiten verknüpft ist. Es ist keine andere Vorrichtung nöthig, die Stämme nieder zu halten, als sie unten mit Weiden eine an die andere zu heften, so daß sie sich gegenseitig niederhalten. Ein Mann biegt die Stämme zur Erde, während ein zweiter sie durch Binden befestigt.

Das Decken der Stämme kann, wenn das Wetter feucht und warm ist, noch unterlassen werden. Sobald aber anhaltende, trockene Winde oder stärkere Fröste eintreten, sind die Reihen mit einem mäßig starken Erddamme zuzudecken. Der Boden zu demselben wird immer zwischen je zwei Reihen ausgestochen, wobei sorgfältig darauf zu achten ist, daß man nicht zu weit von der Mitte des Weges abweicht, da sonst leicht die Wurzeln blosgelegt werden könnten, was deren unfehlbaren Tod zur Folge haben würde.

Es sei hier darauf aufmerksam gemacht, daß schon ein starker Reif die Wurzeln der Rosen, und zwar nicht nur die der wurzelächten, edeln, sondern auch die des Wildlings zerstört. Daher achte man bei dem Ankaufe von Stämmen ganz sorgfältig darauf, daß die Bewurzelung gesund ist. Die in normalem Zustande inwendig gelbliche Rosenwurzel wird durch den Frost erst ganz weiß, dann braun gefärbt, so daß man schon sehr bald, nachdem sie der Frost getroffen hat, sieht, ob ihr derselbe von Nachtheil war oder nicht. Das Sicherste ist auf jeden Fall, wenn man während der Zeit des Frostes ganz vom Ankaufe wilder Rosen Abstand nimmt, auch von vornherein die Sammler anweist, möglichst zeitig mit dem Ausgraben zu beginnen und bei Frostwetter damit aufzuhören, auch beim Transporte von den Sammelstellen nach Hause oder an den Ort des Pflanzens die Wurzeln mit einer Decke zu versehen. Auch sollen die Sammler, wenn sie ein größeres Quantum abliefern wollen, die Stämme nicht frei liegen lassen, sondern jedes kleine Theil sobald als möglich nach dem Ausgraben tief wieder einschlagen. Kann man aus irgend einem Grunde nicht im Herbste pflanzen, so thue man dies so zeitig als möglich im Frühjahr und verfahre dann in Allem genau so, wie bei der Herbstpflanzung.

Während man alle anderen Pflanzen bei eintretendem Frühlingswetter aufdeckt, läßt man die Rosenwildlinge vollständig mit dem Erddamme bedeckt. Schon sehr bald nach Eintritt warmen Wetters werden die Triebe der Wildlinge durch die Erddecke durchwachsen. Doch liegt darin nicht der mindeste Nachtheil. In der zweiten Hälfte des Mai oder, in günstigen Jahren, etwas früher, benutzt man die in dieser Zeit nicht seltenen trüben, regnerischen Tage zum vorsichtigen Entfernen der Erddecke von den Stämmen. Nach Verlauf von einigen Tagen werden sich die Wildlinge an Luft und Licht gewöhnt haben; man kann sie nun losschneiden und aufrichten. Man stellt eine einfache Vorrichtung her, um die Wildlinge daran festzuheften. Das Billigste und Beste für diesen Zweck ist, daß man in einer Entfernung von drei bis vier Meter Pfähle längs der Reihen einschlägt und an diese in einer den in jeder Reihe befindlichen Wildlingen entsprechenden Höhe dünne Bohnenstangen befestigt. An diesen Stangen heftet man die Wildlinge mit dünnen Weiden an, beobachtet dabei die Vorsicht, die Weiden in Form einer 8 zu schlingen, damit die Stämme sich nicht an den Stangen scheuern können. Das Band soll so fest sein, daß der Wind die Rosen nicht verschieben und an einander schlagen kann, da sonst die jungen, noch spröden Triebe ausbrechen würden. Beim Anheften wird man finden, daß der Verlust an nicht gewachsenen Wildlingen nur ein sehr geringer ist, sowie auch ferner, daß in Folge des rationellen Pflanzverfahrens die gewachsenen Wildlinge gesund und kräftig austreiben.

Acht bis vierzehn Tage, nachdem die vorerwähnten Arbeiten beendet sind, wird ein leichtes Durchhacken oder Ueberschaufeln des Bodens zwischen den Reihen vorgenommen, um aufkeimendes Unkraut zu zerstören und die Erde etwas zu lockern; ein Umgraben des Bodens zwischen den Rosen ist im Frühjahr nach dem Pflanzen nicht nöthig.

## 4. Capitel.

### Vom Oculiren. Treibende und schlafende Augen. Ausgraben und Ueberwintern edler Rosen. Rosa multiflora, de la Grifferai.

---

Alle im Sommer vorzunehmenden Veredelungen werden durch das Einsetzen von Augen, durch Oculiren bewerkstelligt und hat fast jeder Züchter hierbei sein eigenes Verfahren.

Hauptsache bei dem Oculiren ist, die Operation in einer entsprechenden Art und Weise möglichst schnell zu vollziehen, da jede längere Berührung der Schnittflächen mit der Luft diesen schädlich und für das Wachsthum im höchsten Grade hinderlich ist.

Will man durch Oculation kräftige Edeltriebe erzielen, so soll man gut ausgebildete Augen mit möglichst großem Rindenkörper, aber möglichst wenig Holz verwenden, da das Auge hauptsächlich an solchen Stellen zuerst und am innigsten mit dem Wildlinge verwächst, wo der Rindenkörper selbst den Wildstamm berührt. An den Wundrändern und aus der jungen Rinde selbst gehen die vernarbenden Ausscheidungen hauptsächlich hervor, während das Holz zu deren Erzeugung fast gar nicht oder doch nur in sehr ungenügendem Maße befähigt ist. Davon kann man sich bei vorsichtigem Ausschneiden zweier Augen, von denen das eine mit mehr, das andere mit möglichst wenig Holz eingesetzt ist, vier bis sechs Wochen, nachdem dieselben in den Wildstamm eingesetzt worden sind, leicht überzeugen. Während das Erstere nur an den Rändern durch das mit dem Namen Callus bezeichnete Zellengewebe mit der Unterlage verbunden sein wird, ist das Andere fast auf seiner ganzen inneren Fläche fest mit derselben verwachsen und sein Fortkommen schon dadurch mehr und besser gesichert, als das des ersten Auges.

Zum Oculiren werden eine große Anzahl verschiedener Messer angepriesen, über deren Werth sich schwer entscheiden läßt; erforderlich für die Brauchbarkeit überhaupt sind eine Klinge vom feinsten, gleichmäßig gehärteten Stahle und ein möglichst handgerechtes, nicht zu kurzes Heft. Als ein zum Oculiren ganz vorzüglich geeignetes Messer ist das beistehend abgebildete, von dem Fabrikanten als „Pariser Modell“ geführte Messer (Fig. 7) sehr zu empfehlen. Jeder Messerschmied kann es nach genauer Beschreibung anfertigen, wenn man es nicht aus der Fabrik der Gebrüder Dittmar in Heilbronn beziehen will. Das Messer ist sehr bequem zu handhaben, der Löser mit der langen im Durchschnitt rundlichen Schale aus einem Stück Elfenbein gearbeitet, die Klinge lang, mit rasirmesserartigem Hohlschliff und vortheilhaft gebogener Schneide. Um das Messer, dessen Preis ein sehr hoher ist, billiger herzustellen, könnte die Schale genau in derselben Form aus Horn oder Knochen mit eingefügtem Elfenbeinlöser angefertigt werden.

Ein seit mehreren Jahren sehr empfohlenes Messer ist das unter dem Namen „Dresdener Oculirmesser“ von Kunde in Dresden angefertigte und in Fig. 8 abgebildete. Der Löser desselben ist mit der Klinge in einem Stück gearbeitet, also aus Stahl. Die Handhabung des Messers ist sehr bequem, doch muß bei dem Gebrauch vorsichtig verfahren werden, da die Härte und Schärfe des Lösers in wenig geübter Hand leicht Verletzungen an den Veredelungsstellen veranlassen könnte, die das Wachsthum der Augen erschweren oder verhindern. Es mag für andere Baumschulzwecke mehr geeignet sein, als gerade für Rosenschulen. Die Gewohnheit thut hierbei sehr viel und von der mehr oder minder großen Brauchbarkeit eines Messers, soweit dieselbe dessen Form betrifft, kann nur ein unbestimmtes Urtheil abgegeben werden.

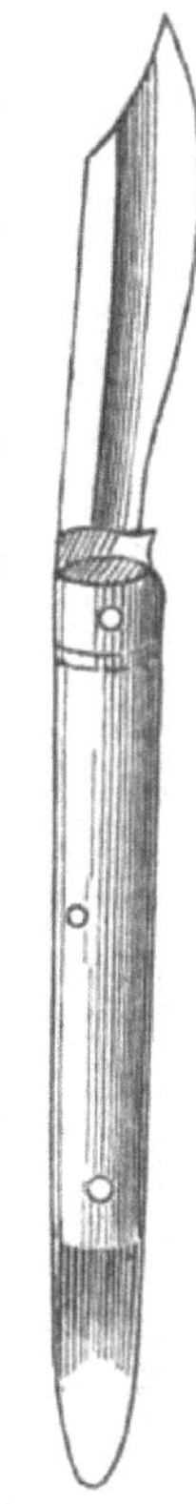
Fig. 7.

Die Schneide des Oculirmessers muß immer durchaus frei von ausgesprungenen Stellen sein; ein faseriger Schnitt verhindert das Anwachsen der Augen oder erschwert es doch ganz bedeutend.

Was die Zeit betrifft, in der man oculiren darf, so kann man, von dem Augenblicke, daß die Stämme tüchtig im Safte sind, angefangen, bis Mitte September mit sicherem Erfolge damit fortfahren. Nach dieser Zeit ist, da unsere climatischen Verhältnisse zu ungleichmäßig sind, ein weiteres

Fortfahren nicht zu empfehlen, da das genügende Einwachsen der Augen dann sehr fraglich sein dürfte. Nur im Nothfalle ist dieser Zeitpunkt zu überschreiten. Bei gutem Nachsommer kann der Erfolg ein befriedigender sein.

Bei dem Schneiden der Augen sind verschiedene Verfahren gebräuchlich, von denen hier nur die besten angegeben werden sollen.

1. Das Schneiden mit Holz. Es besteht darin, daß man mit einem Schnitte das Auge mit dem dasselbe umgebenden Rindenkörper und einer möglichst dünnen Holzschicht vom Reise trennt. (Fig. 9). Es ist dies ein sehr altes Verfahren, hat aber den Nachtheil, daß dünne Reiser nur sehr schmale Augen geben und die Berührungsstellen des Auges mit der jungen Holzschicht des Stammes, der oculirt werden soll, nur sehr klein sind.

2. Das sogenannte Abdrücken der Augen wird derart bewirkt, daß man mit drei Schnitten den Umriß des Auges in die Rinde schneidet

Fig. 8.

(Fig. 10a.) und dann durch einen seitlichen Druck mit dem Daumen das Auge vom Holzkörper zu lösen sucht, wobei mit der Spitze des Messers nachgeholfen wird. Man erhält auf diese Weise wohl ein gutes, brauchbares Auge (Fig. 10b.), doch ist das Verfahren, welches sehr saftige, frische Reiser bedingt, ein schwieriges und langwieriges, so daß es nur von sehr gewissenhaften Leuten ausgeführt werden muß, um guten Erfolg zu haben.

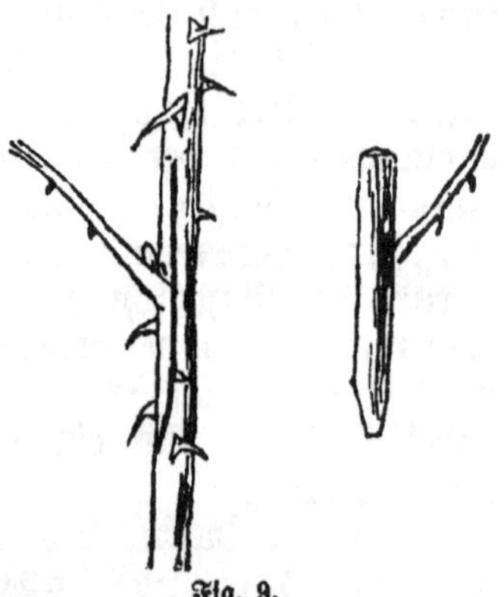
Fig. 9.

3. Man schneidet das Auge mit beliebig vielem Holz und zieht dann mit der Messerspitze und dem Daumen die überflüssigen Holzfasern von oben nach unten aus dem Auge heraus. Bei diesem Verfahren wird man den gestellten Anforderungen schon eher gerecht, nur ist die ganze Operation noch zu umständlich und muß mit sehr viel Sorgfalt ausgeführt werden, weil sonst sehr oft der dem Auge

zum Einwachsen unbedingt nöthige Holzkörper sammt der daran haftenden Axe des Auges mit losgerissen wird. In diesem Falle kann das Rindenschildchen wohl einwachsen, doch das äußerlich sich noch lange gut haltende Auge wird nie zum Treiben kommen.

4. Als letztes Verfahren, das vorzüglich und kaum zu übertreffen ist, auch vom Verfasser in verschiedene Baum- und Rosen-Schulen mit bestem Erfolge eingeführt und vielfach verbreitet wurde, kann folgendes angegeben werden.

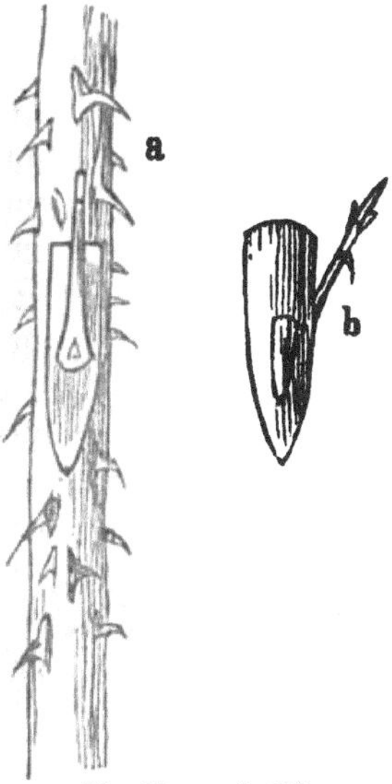

a

b

Fig. 10a. und 10b.

Man macht über dem Auge wie üblich einen Einschnitt, der einen beliebig großen Theil (bei mäßiger Stärke die Hälfte) des Reises umfaßt, wobei nur die Rinde, nicht das Holz durchschnitten wird. Dann schneidet man von der unteren Seite des Auges einen beliebig großen Holzkörper (nur nicht mehr, als höchstens die Hälfte des Reises), mit zum Auge nehmend, nach dem Rindenschnitte zu und noch etwas über denselben hinaus und biegt den losgeschnittenen Theil mit dem darunter befindlichen Messer etwas in die Höhe. (Fig. 11). Dann faßt man das Auge mit Daumen und Zeigefinger an der oberen Hälfte und sprengt es mit leichtem, beiderseitigem Fingerdrucke vom Holzkörper los und zieht es vorsichtig vollends ab, wobei man nach schnell und leicht erlangter Uebung immer die nöthigen Holzfasern und nur diese an dem Auge sitzen lassen wird (Fig. 12), während sich jeder überflüssige Holztheil von selbst loslöst und am Reise in Form einer gespaltenen Zunge zurückbleibt. (Fig. 13).

Fig. 11.

Fig. 12.

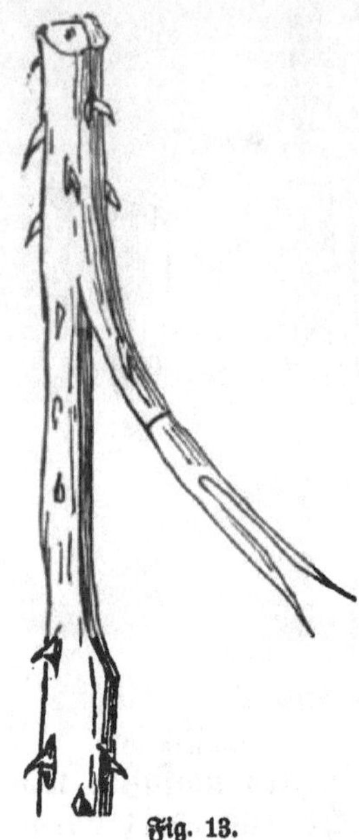
Fig. 13.

An den Reisern, von den zum Oculiren angestellten Leuten fortgeworfen, kann man somit sehr gut controliren, ob die Arbeit gewissenhaft ausgeführt worden ist. Ist dieses der Fall, so müssen an allen oder doch an den meisten Stellen, von denen die eingesetzten Augen geschnitten sind, die aus denselben zurückgebliebenen, gabelförmigen Holzzungen vorhanden sein.

Der Vorsicht halber ist es sehr zu empfehlen, die mit dem Oculiren betrauten Leute vor dem Beginn der Arbeit zur Uebung eine größere Anzahl Augen in vorbeschriebener Weise schneiden zu lassen.

Diese Art des Oculirens vereint alle Vortheile in sich. Sie macht sich schnell, liefert selbst bei ganz dünnen Reisern noch einen großen Rindenkörper und läßt eine innige und vollständige Verbindung zwischen Wildling und Edelauge zu. Einmal ordentlich daran gewöhnt und damit eingearbeitet, wird Niemand wieder ein anderes Verfahren, wie das beschriebene, anwenden; dasselbe ist nicht nur in den erzielten Resultaten unübertrefflich, sondern erfordert auch bei einiger Uebung weder mehr Vorsicht noch Zeit, als irgend ein anderes, scheinbar einfacheres Verfahren.

Ueber das Auge selbst läßt sich noch Folgendes sagen: An jedem Reise hat man, je nach ihrer Stellung an demselben verschiedene Augen. Die nach der Basis zu befindlichen sind gewöhnlich die am wenigsten ausgebildeten; kann man sie entbehren, so lasse man sie zurück. Die, welche der äußersten Spitze des Reises zunächst stehen, haben zu große Neigung zur Blüthenbildung, sind also da, wo es sich um schnelle Erlangung kräftiger Kronen handelt, ebenfalls zu vermeiden. Es bleibt nun die große Mehrzahl der Augen, die zwischen diesen beiden weniger günstigen Theilen liegen, und diese sind unter allen Umständen die zum Oculiren geeignetsten. Sie werden neben einem kräftigen Holzwuchse auch Blüthen geben, aber nie in solcher Menge, daß ersterer durch dieselben wesentlich beeinträchtigt werden könnte.

Was nun das Einsetzen des Edelauges in den Stamm betrifft, so ist dabei Folgendes zu beobachten. Die Stelle für das Auge muß rein und frei von jedem Schaden sein. Am besten wächst das Auge unmittelbar unter einem Triebe oder, falls der Stamm sehr stark sein sollte, auf einem Triebe möglichst nahe dessen Ursprung am Stamme. Ganz besonders halte man darauf, nur solche Stämme zu oculiren, die im vollsten Safte stehen. In vielen Schulen ist es üblich, jeden Stamm, der überhaupt getrieben hat, anzuschneiden und selbst wenn er sich nur mühsam löst, ein Auge hineinzusetzen, das entweder gar nicht wächst oder doch nur kümmerlich fortlebt. Es sind in diesem Falle nicht nur Zeit, Mühe und Augen vergeblich verbraucht, sondern man hat auch den Stamm unnützer Weise verletzt und dadurch entwerthet, daß man die hohen Veredelungsstellen unbrauchbar gemacht und somit nur einen kürzeren Stamm erzielt hat. Dagegen hätte der Wildling nach erfolgtem Rückschnitt der jungen Triebe in kurzer Zeit auch an den höchsten Stellen frischen Saft erhalten und wäre dadurch zur Veredelung geeignet gewesen.

Bei einiger Aufmerksamkeit sieht man an der Beschaffenheit der Triebe sehr leicht und sicher, ob der Stamm lösen wird oder nicht, so daß man sich dann die Arbeit und dem Stamme die unnütze Beschädigung ersparen kann.

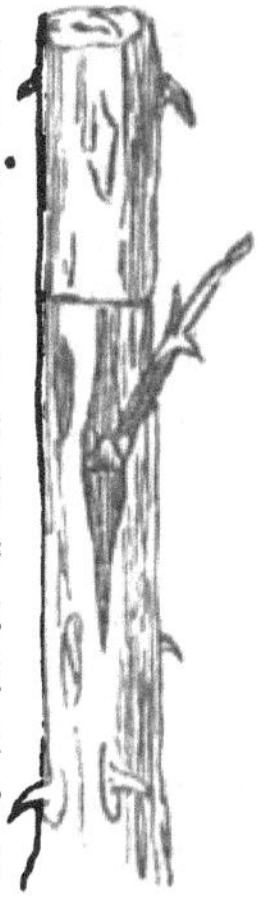

Will man ein Auge einsetzen, macht man an einer passenden Stelle des Wildlings den üblichen T=Schnitt, so daß nur die Rinde des Wildlings, nicht aber das Holz beschädigt wird. Der Schnitt muß so groß gemacht werden, daß das Auge fest darin sitzt. Je genauer T=Schnitt und Auge in der Größe harmoniren, um so schneller und vollkommener wird das Einwachsen erfolgen. Mit dem Löser des Messers hebt man die Rindenflügel, wobei man sich vor einem Kratzen des Lösers auf dem Holze zu hüten hat und schiebt dann das Auge, indem man es mit dem Daumen und dem Zeigefinger am Blattstiele faßt, vorsichtig bis zur genügenden Tiefe ein (Fig. 14), um es dann durch den Verband zu befestigen. Letzterer wird am Besten mit Raphia

Fig. 14.

gemacht. Man binde von unten nach oben, ziehe den Faden recht fest an und sehe darauf, daß die ganze Wunde vollständig bedeckt sei. Nur das Auge selbst mit dem daran befindlichen Blattstiele bleibt frei.

Eine vortheilhafte Art zu binden ist die, daß man das zu verwendende Band mit der Mitte zuerst unten an der zu verbindenden Stelle anlegt und dann die beiden Enden von beiden Seiten kreuzweise umbindet. Die beiden Rindenflügel werden sich in diesem Falle tadellos auf dem Rindenschildchen anlegen. Bei dem Binden von oben nach unten bilden sich, wenn man nicht sehr sorgfältig zu Werke geht, leicht sogenannte Taschen. Die Rindenflügel bekommen unten einen Knick und schließt man leicht Luft mit unter der Rinde ein. Wenn dies auch nicht das Wachsen verhindert, so ist es doch jedenfalls nicht günstig für dasselbe, überdies sehr leicht zu vermeiden.

Als Vorbereitung zur Oculation ist es in vielen Schulen Gebrauch, die Wildlinge auszuschneiden und ihnen bis auf die zwei oder drei obersten Triebe alles junge Holz zu nehmen. Es ist das nur dann rathsam, wenn man auf's treibende Auge oculiren will, andern Falles soll man dem Wildlinge alles Holz lassen, da dasselbe den Stamm kräftigt und ein unzeitiges Austreiben des Edelauges erschwert.

Die Oculation wird in zwei Hauptperioden, einer frühen und einer späteren, vollzogen; der Unterschied zwischen beiden ist der, daß die in der freien Periode eingesetzten Augen noch in demselben Sommer Kronen bilden sollen. Es ist das die Oculation auf das treibende Auge, während die später eingesetzten Augen schlafend oder intact bleiben sollen, um erst im darauffolgenden Sommer Kronen zu bilden. Jede der beiden Methoden hat ihre Berechtigung, wenngleich die Veredelung auf's schlafende Auge die bei Weitem verbreitetste und gebräuchlichste ist.

Bei der Veredelung auf's treibende Auge bedient man sich der Reiser von getriebenen Rosen, weil diese schon reifer sind, als solche aus dem freien Lande. Man kann damit beginnen, sobald überhaupt der nöthige Saft in den Unterlagen ist, also möglichst früh. Sollten die Reiser, was bei getriebenen Rosen sehr häufig der Fall ist, nicht saftig genug sein, um die Augen, wie unter Nr. 4 angegeben ist, abzuheben, so schneidet man sie mit möglichst wenig Holz und setzt sie dann in gewohnter Weise ein, worauf ein sorgfältiges Verbinden erfolgt. Gleichzeitig werden alle Triebe, die sich unter dem eingesetzten Auge befinden, vollständig entfernt, während die über denselben stehenden eingestutzt werden. Man bezweckt damit einen energischeren Saftzufluß zu den eingesetzten Augen und veranlaßt damit ein schnelleres Austreiben derselben.

Von Vortheil ist diese Veredelung, wenn man an Neuheiten schnell verkäufliche Kronen erzielen, oder von neuen und seltenen Sorten schnell und viel Vermehrung haben will, oder wenn man bei einem im Jahre zuvor veredelten Quartiere solche Wildlinge, an denen die Augen nicht gewachsen sind, derart nochmals oculiren will, daß sie gleichzeitig mit den früher veredelten Stämmen zum Verkauf kommen können. Allerdings werden die Kronen der letztveredelten Rosen schwächer bleiben, doch werden sie in günstigen Verhältnissen immer noch kräftig genug, um in beschränkter Anzahl den kräftigeren Kronen beigefügt zu werden, ohne daß der Käufer dadurch irgendwie benachtheiligt werden würde.

Als ein weiterer Fall, in welchem die Veredelung auf's treibende Auge als gerechtfertigt anzusehen wäre, kann noch der gelten, daß man ein ganzes Quartier im ersten Jahre aus beliebigen Gründen nicht zu veredeln im Stande war, die Beschaffenheit der Wildlinge aber derart ist, daß letztere ein außergewöhnlich kräftiges Wachsthum versprechen. In diesem Falle wird man mit der Veredelung auf's treibende Auge ein ganz befriedigendes Resultat erzielen. Doch muß man, um die Veredelung eines größeren Quartiers in dieser Weise durchführen zu können, schon über ein bedeutendes Quantum Reiser verfügen.

Mit dem Veredeln auf's schlafende Auge beginnt man, sobald man im freien Lande gut ausgereifte Reiser schneiden kann und verfährt dann in der beschriebenen Weise.

Man sollte nie weniger wie zwei Augen in einen Stamm setzen, es sei denn, daß man neue, sehr seltene oder ganz außergewöhnlich starkwachsende Sorten zu oculiren hätte. Die Augen suche man nach möglichst entgegengesetzter Richtung hin einzusetzen, dabei nicht gar zu weit in der Höhe auseinander, da man sonst schlecht geformte Kronen bekommt.

Etwa 14 Tage, nachdem das Oculiren beendet ist, beginnt man mit dem Nachoculiren und setzt in alle Stämme, an denen die Augen gar nicht oder nur mangelhaft gewachsen sind, möglichst nahe den alten Stellen, nochmals frische ein, sieht auch gleichzeitig alle Verbände nach, lockert die, welche einzuschneiden beginnen, und befestigt solche, welche sich vorzeitig gelöst haben.

Sobald die auf's treibende Auge oculirten Rosen den Edeltrieb zu bilden anfangen, was durchschnittlich drei bis vier Wochen nach dem Oculiren der Fall sein wird, gebe man sorgfältig auf die Verbände Acht und löse, wo es nöthig ist, dieselben. Haben die jungen Edeltriebe zwei bis drei Blätter vollständig ausgebildet, so werden die über den Augen stehenden, früher nur eingestutzten, wilden Triebe gänzlich entfernt, die jungen Edeltriebe aber möglichst senkrecht an den Wildling angeheftet. Gleichzeitig nimmt man ihnen mit den Fingernägeln die Spitze. Sie werden dann sehr schnell zur Kronenbildung kommen. Man hat dann nichts mehr zu thun, als während des Sommers alle sich zeigenden, wilden Triebe zu unterdrücken, die Verbände sämmtlich zu lösen und, wo Sorten gar zu mangelhaft in der Kronenbildung sein sollten, durch Heften der Triebe in die richtige Lage nachzuhelfen. Kann man die an solchen Kronen erscheinenden Blüthen entbehren, so lasse man gar keine Knospenbildung zu, sondern entferne solche gleich beim Entstehen; man wird dann, besonders an leicht und reichblühenden Rosen, eine viel reichere und stärkere Kronenbildung erzielen.

Falls von den auf's schlafende Auge veredelten Rosen ein Theil in Trieb kommen sollte, was besonders bei einigen Sorten sehr häufig geschieht, so hefte man die Triebe, wie vorstehend angegeben, jedoch ohne ihnen die Spitze zu nehmen. Es würden sich in Folge dessen nochmals neue Triebe bilden, die nicht wie die der auf's treibende Auge veredelten Rosen die Zeit hätten, die zur Ueberwinterung nöthige Reife zu erlangen, sie würden während des Winters durch Fäulniß zu Grunde gehen.

Haben die Rosen ihr Wachsthum abgeschlossen, so muß an die Ueberwinterung gedacht werden. Die auf's treibende Auge veredelten Rosen, die doch gewöhnlich im Herbst desselben Jahres oder doch im nächsten Frühjahre zum Verkaufe kommen, werden vorsichtig ausgegraben, dann jede einzelne Rose mit einer der Sorte entsprechenden Bleinummer versehen. Der über dem obersten Auge stehende Theil der Unterlage wird so über demselben abgeschnitten, daß ein kleiner Zapfen bleibt, und die entstandene Schnittwunde mit Baumwachs bestrichen.

Bei dem Ausgraben verfährt man am besten folgendermaßen: Man setzt an der Reihe herunter, und zwar auf der Seite, an welcher sich der Pflanzgraben befand, doch außerhalb des ursprünglichen Bereiches desselben, einen Graben aus, der noch einen Spatenstich tiefer ist als die Sohle des früheren Pflanzgrabens. Man hat dann nichts zu thun, als mit einem starken Baumschulspaten hinter jeder Rose tief herunter zu stechen und mit dem Spaten etwas zu heben, worauf sich die Wurzeln, ohne zu reißen, losziehen werden. Am besten wird die Arbeit von zwei Leuten verrichtet, von denen, nachdem der Graben gemacht worden, einer mit dem Spaten lossticht, der andere die Rosen abnimmt und dem, der den Spaten hat, anzeigt, wo es der Nachhilfe bedarf, was sich bei sanftem Ziehen des Stammes leicht bemerklich macht.

Man wird finden, daß die Wurzeln nicht erheblich aus dem Bereiche des Grabens herausgegangen sind, in der dünnen Düngerschicht desselben aber ein reiches Netz von Tausenden feiner, gesunder Wurzeln gebildet haben. So bewurzelte Rosen sind immer leicht verkäuflich und werden, wenn sie ordentlich wieder gepflanzt werden, fast ausnahmslos gut weitergedeihen.

Die Rosen werden nun zur Ueberwinterung an einem nicht zu feucht belegenen Platze folgendermaßen eingeschlagen: Man theilt sich ein Beet von beliebiger Länge und nicht zu großer Breite (1,5 Meter) ab und setzt um dieses einen Damm auf, zu dem man die Erde aus dem Beete selbst nimmt, so daß man eine Grube mit scharf abgestochenen Borden von 0,5 Meter oder etwas mehr Tiefe bekommt. (Fig. 15). In diese werden die Rosen, in Querreihen liegend, sortenweise gut eingeschlagen. Fürchtet man, daß das Land zu feucht liegt und verfügt über kein trockneres Terrain, so nimmt man die Erde für den Damm außerhalb des Beetes, so daß sich ein Entwässerungsgraben von genügender Tiefe rings um dasselbe bildet. (Fig. 16). Auf den Damm werden Stangen und Reiser gelegt und auf diese bei eintretender Kälte eine genügend starke Schicht Laub oder Dünger gebreitet.

Unter dieser Decke überwintern selbst sehr empfindliche und feine Rosensorten vorzüglich.

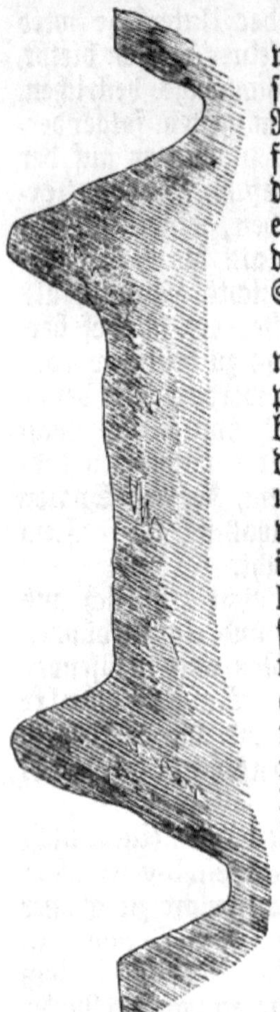

Hat man Platz in einem nicht zu warmen Erdhause, so kann man in diesem sehr vortheilhaft empfindlichere Rosensensorten überwintern, nur muß dann für regelmäßige Lüftung gesorgt sein, da sonst leicht, besonders bei feinholzigen, empfindlichen Sorten die Kronen bis auf die stärksten Triebe durch Faulen oder Stocken zu Grunde gehen.

Rosen mit schlafenden Augen werden wie frischgepflanzte Wildlinge behandelt. Man bindet sie reihenweise nieder und bedeckt sie mit Erde, wobei Sorge zu tragen ist, daß auch die Wildlinge vollständig bedeckt sind, da sie bei einigermaßen strenger Kälte auf der nach oben gerichteten Seite fast immer mehr oder minder durch den Frost geschädigt werden.

Bevor die Rosen gedeckt werden, müssen die Verbände gelöst werden, da sonst leicht die Augen unter demselben faulen.

Fig: 15.

Vor dem Decken der Rosen muß für eine gute und dauerhafte Bezeichnung der Sorten Sorge getragen werden. Es empfiehlt sich die Bezeichnung mit Bleinummern derart, daß je der erste und der letzte Stamm einer Sorte mit Nummer versehen werden, über die ein genaues Verzeichniß aufgenommen werden muß. Da es nicht ausführbar ist, in jeder Reihe nur

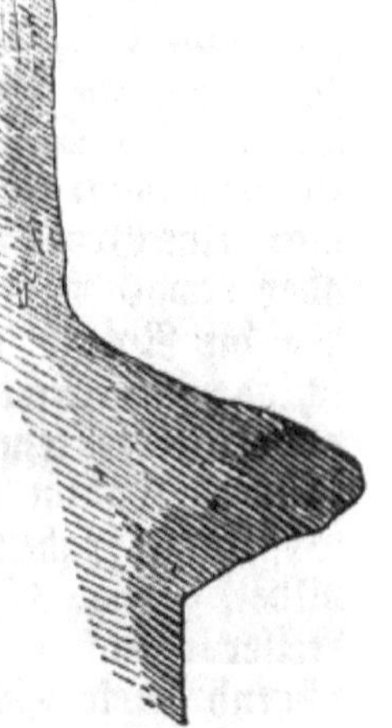

Fig. 16.

eine Sorte zu haben, so ist dies der sicherste Weg, Irrthümer zu vermeiden.

Sollte eine Bezeichnung mit Namen der mit Nummern vorgezogen werden, so können die mit einer Nickellösung überzogenen Zinketiquetts, auf denen mit einer Kupferlösung oder auch mit Bleistift geschrieben werden kann, als durchaus zweckmäßig empfohlen werden, da sie sich selbst in der Erde Jahre lang gut und leserlich erhalten.

Im Frühjahr deckt man die Stämme auf, heftet sie, wie vorbeschrieben, an ein leichtes Gerüst und verfährt dann in ähnlicher Weise, wie bei den auf's treibende Auge veredelten Rosen. Alle wilden Triebe müssen unterdrückt werden, der Edeltrieb geheftet und gekürzt und, sollten sich dann einige Triebe bei den jungen Kronen durch besonders starkes Wachsthum auszeichnen, diese nochmals durch Rückschnitt in's Gleichgewicht gebracht werden. Bei unregelmäßig wachsenden Sorten kann man durch Heften der Haupttriebe der Bildung einer schönen Krone sehr zu Hilfe kommen und eine viel verkäuflichere Waare erzielen, als man erhält, wenn dies unterbleibt.

Viele Abnehmer von Rosen verlangen, trotzdem *kräftige, einjährige Kronen immer die besten für den Handel sind*, dennoch zweijährige Kronen. Um solche zu erhalten, kann man entweder Stämme benützen, die auf's treibende Auge veredelt worden sind, oder man läßt die Stämme mit schwachen Kronen eines auf's schlafende Auge oculirten Quartiers im Herbste stehen, bindet jede Krone mit einer Weide vorsichtig zusammen und legt die Stämme dann wie die Oculanten und Wildlinge nieder und deckt sie mit Erde.

Was die *Zeit des Bedeckens edler Rosen* im Herbste betrifft, so ist es am besten, sich nach den Localverhältnissen zu richten. Ein starker Reif schadet selbst feinen Rosen nicht, ist aber allen Sorten vor dem Niederlegen und Decken *sehr dienlich*, um das Wachsthum zum Abschluß zu bringen. Eine Rose, die zu früh gedeckt wird, leidet eben so sehr, als eine solche, die durch Frost getroffen wird. Man warte, wenn man nicht Verlusten ausgesetzt sein will, bis einige Reife gefallen sind, die dem Wachsthum ein Ende gemacht haben, dann gehe man aber auch energisch an die Arbeit und bringe alle Rosen in Sicherheit. Tritt der Herbst so spät ein, daß man glaubt, einen plötzlichen Winter fürchten zu müssen, so ist es rathsam, die Rosen künstlich von den Blättern zu befreien und sie dann gleich niederzulegen. Dies Entblättern ist eine Arbeit, die an gewissen Pflanzungen in der Obstbaumschule fast alljährlich vorgenommen werden muß, um einen Abschluß des Triebes und die nöthige Holzreife zu bewirken. Die dazu aufgewandte Zeit ist nie verloren.

Im Frühjahre werden die Rosen hoch genommen, dann angeheftet und geschnitten. Letzteres wird so ausgeführt, daß man aus den Kronen alles schwache Holz herausschneidet. Man läßt nur einige kräftige Triebe stehen. Diese werden auf drei bis vier Augen zurückgeschnitten. Man wird dadurch sehr schöne, starke Kronen erhalten, die gewiß jeden Käufer vollständig befriedigen werden.

Am Schlusse des Capitels über die Zucht der Hochstämme sei hier noch einer Rosenunterlage erwähnt, die besonders in französischen Schulen sehr viel zur Veredelung von hochstämmigen Theerosen Verwendung findet. Es ist das eine sehr kräftig wachsende Schlingrose, die unter dem Namen R. multiflora de la Grifferai in den Catalogen zu finden ist. Die Theerosen blühen, darauf oculirt, schneller und reicher als auf R. canina, nur sind sie, vielfachen Erfahrungen gemäß, weniger dauerhaft und widerstandsfähig als die auf die letztgenannte Unterlage veredelten. Immerhin sollte man in jeder Schule einen Versuch damit machen, besonders da, wo man hochstämmige Rosen zum Treiben in Töpfen zieht. Rosen, auf die genannte Unterlage veredelt, eignen sich, eingehenden Versuchen nach, dazu besser, als solche auf R. canina veredelte. Man kann Stecklinge der R. de la Grifferai zu sehr mäßigen Preisen aus französischen Baumschulen beziehen.

---

## 5. Capitel.

### Die Zucht der niedrig veredelten Rosen.

Die niedrig veredelten Rosen sind, besonders zum Treiben, in den letzten Jahren ein gesuchter und gern gekaufter Handelsartikel geworden und findet deren Anzucht auf verschiedene Weise statt:

1. Im freien Lande durch Oculation,
2. In Töpfen, im Hause durch Pfropfen veredelt,
3. In Töpfen oder Ballen, im Kasten ebenfalls durch Pfropfen veredelt.

Um niedrig veredelte Rosen im Freien zu ziehen, sind junge, aus Samen gezogene Wildlinge am vortheilhaftesten. Auf sehr guten Bodenarten finden sich oft schon einjährige Wildlinge stark genug, um zur Oculation verschult zu werden. Will man Rosen niedrig oculiren, um sie später in Töpfe zu setzen, so empfiehlt sich hierzu die in französischen Baumschulen allgemein verbreitete R. Manettii. Alle Rosen wachsen eine Zeit lang sehr gut auf ihr, wenn man die häufigen sehr starken Ausläufer der Unterlage sorgfältig unterdrückt. Sie ist frosthart und leicht aus Stecklingen, die man in geschützten Lagen und sehr milden Bodenarten wie Weidenstecklinge behandeln kann, zu ziehen. Auch empfehlen sich alle Centifolien zur Unterlage für Topfrosen. Nur darf man von darauf veredelten Rosen kein sehr starkes Holzwachsthum erwarten, dagegen zeichnen sich alle auf Centifolien veredelten Rosen durch reiches Blühen aus, was bei Topfrosen von doppeltem Werthe ist.

Bei der Anzucht niedrig veredelter Rosen im Freien sind zweierlei Oculirverfahren gebräuchlich, das auf Triebe und das auf Wurzelhals unterhalb aller Triebe. Letzteres ist viel empfehlenswerther, da sich an den auf diese Weise oculirten Rosen nicht leicht wilde Triebe bilden. Die zu verwendenden Wildlinge sind am besten gute einjährige oder zweijährige Sämlinge von R. canina. Man wähle sie gleichmäßig stark und gut bewurzelt; die Wurzeln werden mäßig geschnitten, ebenso wird das Holz bis auf einige kräftige Triebe, die jedoch auch gekürzt werden müssen, entfernt.

Das zum Pflanzen bestimmte Land wird mit kräftigem abgelagerten Dünger gut und tief umgegraben, wobei Sorge zu tragen ist, daß der Dünger möglichst tief in die Erde kommt; man hat alsdann bei der Pflanzung, die am besten im Herbste geschieht, keinerlei Grabendüngung mehr nöthig. Die Pflanzung macht man in Reihen, die 5 bis 7 Decimeter weit auseinander sind. In den Reihen kann man sehr dicht pflanzen; 25 bis 30 Centimeter genügen in allen Fällen zwischen den einzelnen Rosen. Bei dem Pflanzen achte man darauf, daß die Rosen nicht zu tief zu stehen kommen; am vortheilhaftesten pflanzt man so, daß ein Theil des Wurzelhalses außerhalb der Erde bleibt und man dann diese an den Reihen etwas anhäufelt.

Kommt die Zeit der Oculation, so zieht man mit einer kleinen Haue die Erde von den Pflanzen fort und läßt mit der Hand den für die Veredelungsstelle nöthigen Raum ordentlich frei machen und diese selbst mit einem weichen Lappen abreiben. Es muß dieses sorgfältig geschehen, da sonst beim Einschieben der Augen an deren Innenseite leicht Erde haftet, wodurch das Wachsen unmöglich gemacht wird. Ferner muß sehr sorgsam verbunden werden; auch soll die Erde so weit von den Wildlingen entfernt liegen, daß die Veredelungsstellen nicht durch Platzregen oder Sturm zugeschlämmt oder zugeweht werden können; geschieht dies, bevor das Auge fest eingewachsen ist, so wird dasselbe fast immer verloren gehen.

Will man nicht auf Wurzelhals, sondern auf Triebe oculiren, so können die Wildlinge tiefer gepflanzt, auch derart geschnitten werden, daß nur einer, höchstens zwei der stärksten Triebe stehen bleiben. Auf diese werden die Augen möglichst nahe ihrem Ursprung eingesetzt, wenn man nicht vielleicht niedrige Kronenstämmchen zu ziehen die Absicht haben sollte, in welchem Falle die Augen so hoch als möglich auf den stärksten Trieb gesetzt werden.

Was im früheren Abschnitte über Zeit und Art des Oculirens selbst gesagt wurde, kommt auch hier in Anwendung.

Im Herbste löst man die Verbände und, sobald Fröste eintreten, häufelt man die Reihen durch Heranziehen der Erde mit einer breiten Haue genügend hoch an. Zu hohe Wildlinge bindet man nieder und bedeckt sie dann gleichfalls mit Erde. Im Frühjahr werden die Rosen vorsichtig von dem Erddamme befreit und schneidet man bei allen Wildlingen, an denen das Auge gewachsen ist, alles Wilde bis auf einen Zapfen fort. An diesen wird der junge Edeltrieb angeheftet. Die Behandlung desselben besteht, wie bei den ächten Trieben der Hochstämme, in Einstutzen und in Unterdrückung zu reicher Blüthenbildung. Alle sich zeigenden wilden Triebe werden zeitig entfernt.

Sollten die Pflanzen im ersten Jahre nach der Oculation nicht die gewünschte Stärke erreicht haben, so ist ein Rückschnitt und ein nochmaliges Stehenbleiben nöthig. Der Schnitt besteht darin, daß man von allen Trieben nur die kräftigsten stehen läßt und diese auf zwei bis drei Augen zurückschneidet. Alle anderen Triebe werden gänzlich entfernt und ebenso gleichzeitig der zum Anbinden des Edeltriebes erhaltene, nun überflüssige Zapfen. Die von diesem zurückbleibende Schnittwunde wird mit Baumwachs verstrichen.

Sollten die Rosen so hoch sein, daß Erde zum Decken nicht mehr hinreicht, so bringe man, um die Edeltriebe genügend zu schützen, eine mäßige Schicht Laub oder Tannenreisig auf die Reihen. Auch kann der Rückschnitt erst im Frühjahr erfolgen, da durch Frost, Fäulniß und sonstige Umstände doch manche Triebe stark zurückgehen und dann in solchen Fällen doppeltes Schneiden nöthig sein würde.

Die Ueberwinterung der fertigen Verkaufsrosen geht auf gleiche Weise vor sich, wie die der Hochstämme, kann aber auch dahin vereinfacht werden, daß man sie, vorausgesetzt, daß ein nicht zu feuchtes, möglichst sandiges Terrain verfügbar ist, in tiefe Gruben bis zur Spitze einschlägt; es ist dann keinerlei fernere Decke nöthig und geht die Ueberwinterung auf diese Weise sehr gut von Statten.

Die Veredelung der Rosen in Töpfen erfordert ein Glashaus, das mit einer zuverlässigen Heizung (am besten einer Wasserheizung) versehen und gegen schroffe Temperaturwechsel gesichert ist. Tropfenfall, Rauch u. dgl. dürfen nicht zu fürchten sein, da sie sehr viel schaden können. Am besten zum Veredeln von Topfrosen eignet sich ein flaches, helles Warmhaus, wenn man bei großer Cultur nicht vorziehen sollte, ein besonderes Veredelungshaus zu bauen. In diesem Falle haben sich einseitige, flache Häuser mit Wasserheizung sehr gut bewährt. Auf der niedrigen Seite baut man eine Tablette möglichst nahe dem Glase, um die niedrig zu veredelnden Rosen darauf zu stellen, während man auf der höheren Seite eine Stellage für Veredelung auf Hoch- und Halb-Stämme oder für hochstämmige Treibrosen anbringt.

Die Veredelung der Rosen in Töpfen wird in einigen Fällen besonders mit Vortheil angewandt, z. B. um Neuheiten schnell zu vermehren, um Treibrosen zu ziehen, bei Vermehrung feiner und sehr empfindlicher Rosen und zur schnellen Erzielung blühender Topfrosen. Man wendet auch hier Veredelung auf den Wurzelhals oder auf Triebe an, doch werden die Rosen nicht mit Augen, sondern mit Reisern veredelt; sie werden gepfropft.

Zur Topfkultur verwendet man ein- bis zweijährige Wildlinge; dieselben werden an den Wurzeln gut geschnitten, auch schneidet man das Holz kräftig zurück. Sodann wird eine kräftige, nicht allzuschwere Erde gewählt, in der besonders alter Baulehm, Teichschlamm, verrotteter Mistbeetdünger mit Landerde und dem nöthigen, grobkörnigem Sande gemischt, von Vortheil sind und pflanzt man mit dieser Mischung die Rosen in nicht zu breite, aber möglichst tiefe Töpfe. Die Erde muß fest angedrückt werden und die Rose so im Topfe stehen, daß der Wurzelhals genügend weit aus demselben hervorragt, um bequem veredelt werden zu können, was das Wachsthum des Wildlings durchaus nicht so beeinträchtigt, daß man irgendwie deswegen Bedenken zu tragen hätte. Es kann dies Einpflanzen im Frühjahre geschehen, da man dann die Ueberwinterung in Töpfen sparen kann. Will man auch Halb- und Hoch-Stämme, besonders von feineren Theerosen veredeln, so sucht man zu diesem Zwecke schwache, gutbewurzelte Wildlinge (wenn sie vorhanden sind, aus Samen gezogene), aus und topft diese ein. Auch kann man in diesem Falle Stämme von R. m. de la Grifferai mit Vortheil verwenden. Die Töpfe werden an einem nicht zu sonnigen Orte in die Erde gegraben und während des Sommers nach Bedürfniß gegossen. Sie werden im Herbste gut angewachsen sein und können vor Eintritt von Frost in das zur Veredelung bestimmte Haus, oder, sollte dieses noch nicht dazu bereit sein, in einen frostfreien Keller gebracht werden. Ebenso muß man, bevor Frost eintritt, im Freien die Reiser schneiden, die man zur Veredelung verwenden will, wenn man nicht genügende Topfrosen hat, von denen man sie nehmen kann. Die Reiser werden ebenfalls in einem frostfreien Raume in Sand oder Erde eingeschlagen.

Was die Vorbereitung betrifft, der man die zur Veredelung in Töpfen bestimmten Rosen unterzieht, so hat es sich ganz vorzüglich bewährt, die Töpfe während der Zeit von acht bis vierzehn Tagen vor dem Antreiben im Hause trocken stehen zu lassen. Es hat dies einen gänzlichen Abschluß des Wachsthums zur Folge und treten so behandelte Rosen, sowie sie angereizt werden, schnell und kräftig wieder in Vegetation; ein bei dem Veredeln sehr wesentlicher Umstand.

Mit dem Pfropfen der Rosen kann man beginnen, sobald die Arbeiten im Freien stocken und das Haus zur Aufnahme der Wildlinge bereit ist. Man bringt von diesen eine Anzahl hinein und beginnt mit einer ganz mäßigen Erwärmung des Hauses, um den Trieb in den Rosen zu wecken. Die Töpfe und die Luft im Hause müssen dabei feucht gehalten werden. Stehen die Rosen zehn bis vierzehn Tage warm, so kann das Veredeln beginnen. Man hat sehr viel verschiedene, mehr oder minder practische Verfahren, von denen nur einige der besten und gebräuchlichsten hier erwähnt werden sollen.

Bei der Veredelung auf den Wurzelhals wird man fast immer die Copulation anwenden können, da sich wohl in fast allen Fällen zu den Unterlagen in der Stärke passenden Reiser finden lassen werden. Die Copulation ist sehr leicht auszuführen. Sie besteht darin, daß sowohl Unterlage wie Reis mit einem langgezogenen Schrägschnitt zugeformt werden. Bei Ersterer wird dieser Schnitt so tief geführt, daß alle Triebe entfernt werden (Fig. 17 a.) und das Reis auf den obersten Theil der Pfahlwurzel, den sogenannten Wurzelhals, zu sitzen kommt.

Das Reis (Fig. 17 b.) wird in der Länge von zwei bis drei Augen, bei Neuheiten aber auch nur von einem Auge geschnitten. Es wird so auf die Unterlage gesetzt, daß die Schnitte sich decken. (Fig. 17 c.) Sollte dies wegen verschiedener Stärke nicht möglich sein, so muß doch wenigstens auf einer Seite genau Rinde auf Rinde passen.

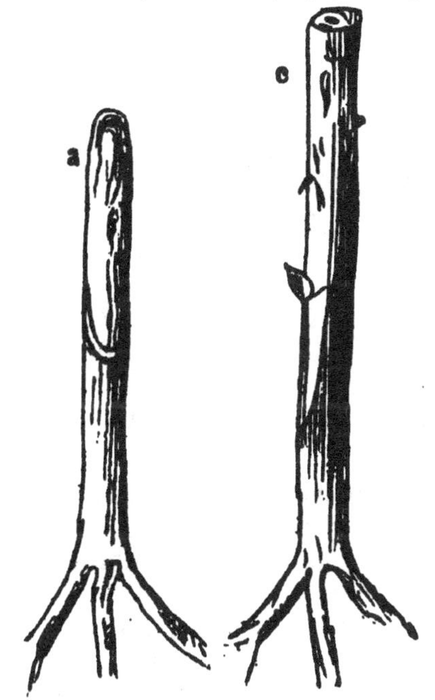

Fig. 17 a., b. und c.

Hat man sehr dünne Reiser zu verhältnißmäßig starken Unterlagen, so ist nicht nöthig, bei letztern den Copulirschnitt zu machen. Dieser wird nur bei dem

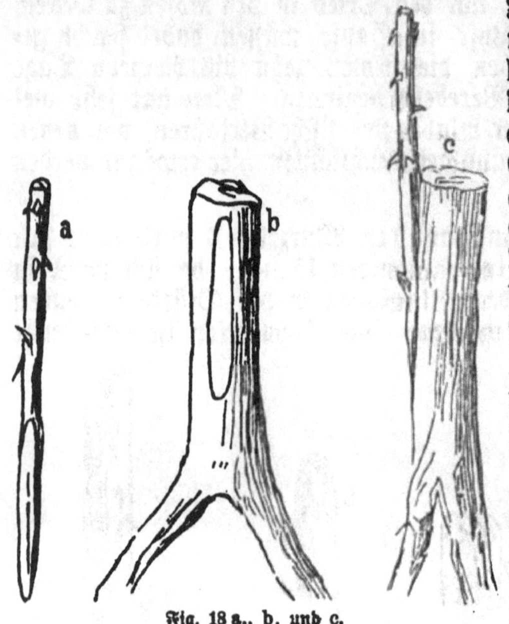

Fig. 18 a., b. und c.

Reise (Fig. 18 a.) gemacht, während man bei der Unterlage ein der Stärke des Reises entsprechend breites Streifchen Rinde bis auf's Holz fortnimmt (Fig. 18 b.) und das Reis auf die entstandene Schnittfläche genau auflegt. (Fig. 18 c.) Diese Veredelungsart liefert immer befriedigende Resultate.

Bei dem Schneiden des Reises beachte man immer, daß ungefähr der Mitte des Schnittes gegenüber ein Auge steht. Es erleichtert ein solches Auge das Verwachsen zwischen Reis und Unterlage bedeutend und ist oft, wenn z. B. ein Reis über dem Verbande abbricht, weil durch diesen geschützt, ein willkommener Ersatz.

Alle Reiser müssen genau auf die Unterlagen aufgepaßt und fest verbunden werden. Am besten eignet sich dazu Rafia, wenn auch noch von vielen Züchtern Papier, Wolle, Band und ähnliches Material verwandt werden. Nach dem Verbinden verstreicht man die Veredelungsstelle sorgfältig mit kaltflüssigem Baumwachs, das am besten mit einem Holzspatel aufgetragen wird.

Bei der Veredelung der meist sehr markigen Stämme ist ein Copuliren in vielen Fällen nicht thunlich, da Reiser und Unterlagen in der Stärke gewöhnlich zu verschieden sind. Man wendet da die folgenden Veredelungsarten an:

Das Pfropfen mit dem Gaisfuß oder in's Dreieck besteht darin, daß man den zu veredelnden Wildling in gewünschter Höhe glatt abschneidet und aus demselben mit zwei Schnitten einen nach unten zu spitzen, dreikantigen Holztheil herausschneidet (Fig. 19 a); doch soll der Schnitt nicht bis in das Mark des Stammes hineingehen. Der Form der entstandenen Wunde entsprechend wird auch das Reis mit zwei schräg gegen einander gerichteten Copulirschnitten zugespitzt (Fig. 19 b.), ordentlich in die Unterlage eingepaßt (Fig. 19 c.) und wie oben verbunden und mit Baumwachs verstrichen. Man kann auf diese Weise bei stärkeren Stämmen auch zwei Reiser aufsetzen.

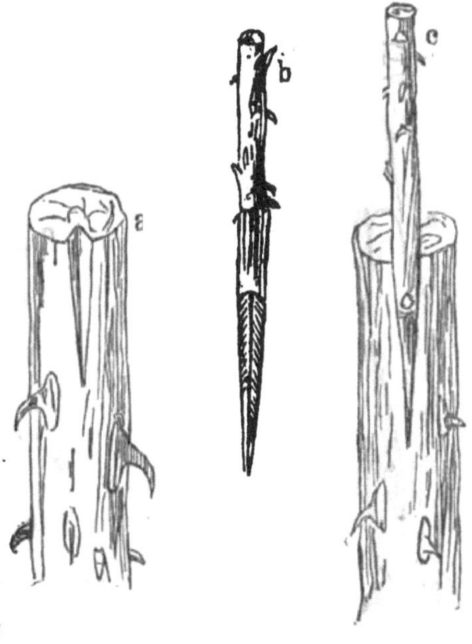

Fig. 19 a., b. und c.

Das Einspitzen geschieht derart, daß man an einer Stelle der Unterlage einen nicht zu tief in das Holz eindringenden Schrägschnitt nach unten macht; nach der Basis dieses Schnittes zu wird von oben nach unten ein zweiter Schnitt geführt, der ungefähr einen Centimeter über dem ersten Schnitte ansetzt und einen keilförmigen Holztheil aus der Unterlage herauslöst. (Fig. 20 a.) Das Reis wird dann mit dem Copulirschnitt zugespitzt und dann auf der diesem Schnitte gegenüberliegenden Seite noch ein Theil der Rinde derart abgeschnitten, daß das Reis unten einen flachen Keil bildet. (Fig. 20 b.) Mit diesem wird es so in die Unterlage eingeschoben, daß der Copulirschnitt die nach außen gerichtete längere Wundfläche, der kürzere Schnitt dagegen die bei der Unterlage nach innen gerichtete kürzere Wundfläche deckt. (Fig. 20 c.) Setzt man auf diese Weise mehrere Reiser ein, so kann man sehr schnell kräftige Pflanzen erzielen.

Das Pfropfen in den Spalt besteht darin, daß man den Wildling oben glatt abschneidet und ihn je nach seiner Stärke bis zur Mitte des Markes oder ganz durchspaltet (Fig. 21 a.) und in diesen Schnitt ein von beiden Seiten keilförmig zugeschnittenes Reis (Fig. 21 b.) einsetzt, so daß die äußere Rindenseite des Reises genau an die innere Rinde

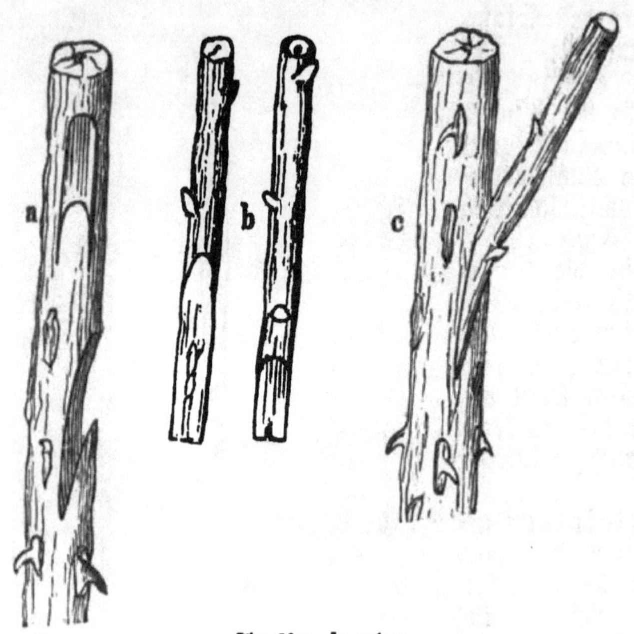

Fig. 20 a., b. und c.

des Stammes anschließt. (Fig. 21c) Verbinden und Verstreichen werden, wie schon erwähnt, vollzogen. Wird der Stamm nur halb gespalten, so muß das Reis nach der bei seinem Einsetzen innen zugekehrten Seite etwas schwächer geschnitten werden.

Hat man sehr starke Unterlagen und nur schwache Reiser, so kann man die Spalten auch derart machen, daß sie nicht nach der Mitte des Stammes zu, sondern seitwärts in's Holz gerichtet sind. In diesem Falle setzt man sehr vortheilhaft zwei Reiser auf jede Unterlage. (Fig. 22.)

Sind die Rosenwildlinge gut im Triebe, so giebt es eine sehr leichte und gute Art, sie zu pfropfen, nämlich unter die Rinde und ist hierbei wieder ein von dem gewöhnlichen Verfahren etwas abweichendes anzuwenden, das, da es sehr viel dem Verwachsen günstige Punkte bietet, besonders zu empfehlen ist. Der Wildling wird oben glatt abgeschnitten und die Rinde zwei bis drei Centimenter lang senkrecht geschlitzt. (Fig. 23 a) Dann schneidet man das Reis mit einem einfachen Copulirschnitt zu, doch kann man auch einen kleinen Sattel anschneiden. Darauf wird das Reis unten noch etwas keilförmig zugeschnitten und auf der einen Seite desselben ein Streifchen Rinde in der Länge des Copulirschnittes fortgenommen, so daß der Schnitt eine möglichst gerade Linie bildet. (Fig. 23b.)

Dann hebt man, dem üblichen Verfahren entgegen, nicht beide Rindenflügel, sondern nur den e i n e n, und setzt das Reis so unter denselben, daß der Anschnitt auf der Seite fest an die Schnittfläche des nicht gehobenen Rindenflügels anliegt. (Fig. 23c.) Hierauf wird fest verbunden und gut mit Baumwachs verstrichen. Bei einiger Uebung geht die Ausführung dieser Veredelung sehr geschwind. Will man diese Art der Rindenveredelung nicht anwenden, so läßt man den seitlichen Anschnitt am Reise fort und hebt beide Rindenflügel, um das Reis so zwischen beide zu setzen, daß es von denselben zu gleichen Theilen bedeckt wird.

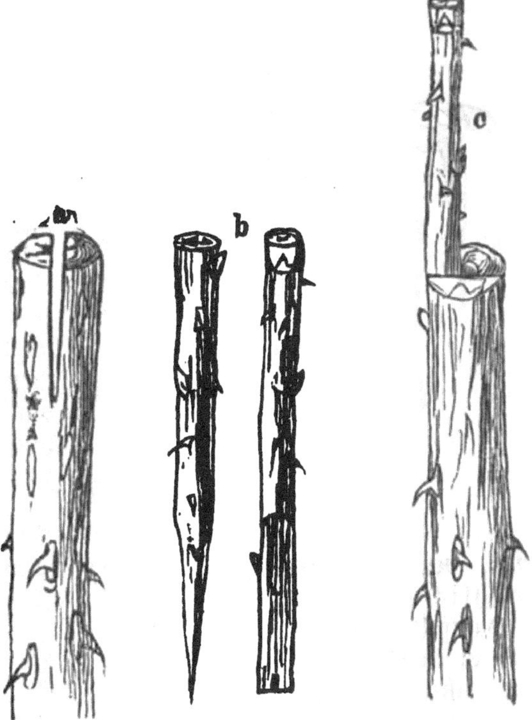

Fig. 21a., b. und c.

Um ein für alle erwähnten Fälle p a s s e n d e s, sehr g u t e s und dabei b i l l i g e s Baumwachs zu erhalten, nimmt man 10 Theile gelbes, sogenanntes Burgunderpech (gewöhnliches rohes Tannenharz erfüllt den Zweck aber auch) und läßt es in einem Topfe langsam schmelzen; dann wird eine kleine Menge Unschlitt dazu gegeben und, wenn die Masse vollständig geschmolzen und durchaus dünnflüssig ist, wird der Topf vom Feuer genommen und unter beständigem Umrühren 2—3 Theile guter Weingeist zugesetzt. Nur hüte man sich, so lange der Spiritus zugegossen wird, dem Gefäße mit Licht nahe zu kommen, da sofort eine Entzündung des verdampfen-Weingeistes stattfinden und das Baumwachs verderben würde.

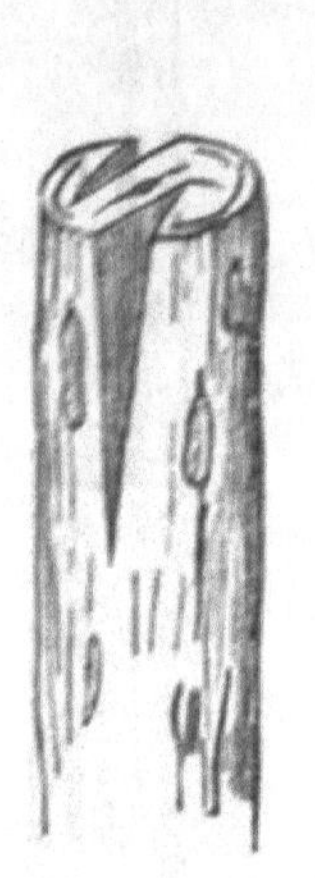

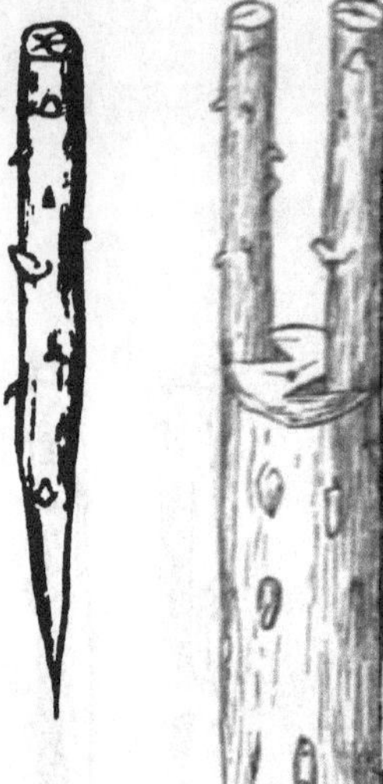

Fig. 22.

Sollte ein derartiger Fall eintreten, so lege man schnell einen Deckel auf das Gefäß, wodurch das Feuer sofort erlöschen wird. Man kann dies Baumwachs, in Blechbüchsen verschlossen, sehr lange aufbewahren.

Sollte es mit der Zeit zu hart werden, so genügt mäßiges Anwärmen unter Zumischung von etwas Weingeist, um es wieder brauchbar zu machen.

Sobald man eine Anzahl Rosen veredelt hat, beginnt man damit, die Temperatur im Hause allmählich zu erhöhen und auf 12 bis 15° R. zu halten, da zu schnelle und zu starke Abkühlung, wie auch zu starke Steigerung der Temperatur gleich sorgfältig zu vermeiden sind. Auch sorge man in geeigneter Weise für einen gewissen Feuchtigkeitsgrad in der Luft. Bei Sonnenschein gebe man etwas Schatten.

Nach kurzer Zeit werden die Rosen in Trieb kommen und kann man bei den

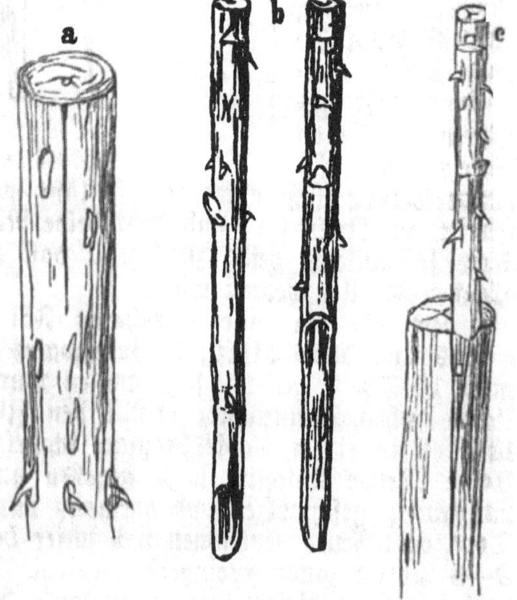


Fig. 23 a., b. und c.

veredelten Stämmen sich zeigende wilde Triebe immer so lange mitwachsen lassen, bis die Edeltriebe Blätter gebildet haben, worauf man die Ersteren abschneidet.

Haben die Triebe eine gewisse Härte erreicht, was nach sechs bis acht Wochen der Fall sein wird, so kann man langsam und ganz allmählich die Temperatur erniedrigen, damit die Rosen abgehärtet werden. Kräftig wachsende Sorten, die leicht und dankbar blühen, geben oft, wenn sie recht früh veredelt wurden und einen guten Standort hatten, schon im Frühjahr, drei bis vier Monate nach dem Veredeln, ganz hübsche Verkaufspflanzen für Blumengeschäfte und werden mit ziemlich hohen Preisen bezahlt, gehen jedoch leicht wieder zurück, wenn sie nicht sorgfältig gepflegt werden.

Sind die Reiser vollständig festgewachsen, so löst man den Verband und bringt die Pflanzen bei eintretendem Frühjahr je nach ihrer Bestimmung entweder mit den Töpfen in's Freie oder pflanzt sie mit Erhaltung des Ballens auf gut hergerichtete Beete aus. Man hat in diesem Falle im Herbste sehr schöne kräftige Pflanzen zum Verkaufe aus dem Lande oder zum Wiedereintopfen und kann man sie dann in Kästen oder im Kalthause spät treiben oder zum Frühtreiben im kommenden Jahre in fernere Cultur nehmen.

Hat man kein Gewächshaus zur Verfügung und möchte doch Winterveredelungen, die einer der beschriebenen Art ähnlich sind, machen, so giebt es ein ebenso gutes als billiges Verfahren, das in Nachstehendem behandelt werden soll. Es sind dazu nur gute Mistbeetkästen und dicht schließende, gut gekittete Fenster nöthig.

Im Herbste nimmt man ein- oder zweijährige Rosensämlinge, schneidet Wurzeln und Holz und wickelt sie einzeln in einen kleinen Ballen aus feuchtem Moose, den man mit Bast oder Bindfaden fest umwickelt. Das obere Ende des Wildlings läßt man (mit dem Wurzelhalse) ungefähr fingerlang frei aus dem Ballen zur Veredelung herausstehen. Auch alle Wurzelabschnitte von Wildlingen behandelt man, wenn sie die Stärke eines dünnen Bleistiftes haben, in gleicher Weise, da sie sich ganz vorzüglich zur Veredelung eignen. Diese Ballen schichtet man bis zum Gebrauche in einem frostfreien Keller auf und sorgt dafür, daß sie mäßig feucht bleiben. Auch schneidet man bei Zeiten im Herbste die nöthigen Reiser von den Landrosen und schlägt sie gleichfalls in frostfreiem Raume oder im Freien gut bedeckt, ein.

Im Januar oder Februar benutzt man einen milden Tag dazu, einen warmen Kasten, am besten mit einer aus Laub und Pferdedünger bestehenden Mischung anzulegen. Sobald sich Wärme in genügender Menge entwickelt, bringt man eine 15 Centimeter starke Erdschicht auf den Dünger und beginnt mit dem Copuliren der Wildlinge in derselben Weise, wie man bei den Veredelungen auf Wurzelhals der in Töpfen stehenden Wildlinge verfährt.

Das Veredeln selbst kann im Zimmer vorgenommen werden. In vielen Geschäften ist ein Verbinden der Handveredelungen mit Papierstreifen üblich, welche mit einem schwerflüssigen Baumwachse bestrichen sind. Dieses wird hergestellt, indem man 5 Theile Wachs, 2 Theile rohen Terpentin, etwas Leinöl und etwas Talg zusammen schmelzen läßt. Die Masse wird, wenn sie vollständig zergangen und dünnflüssig ist, nachdem sie durch Rühren innig gemischt worden, langsam in kaltes Wasser gegossen und dann tüchtig zwischen den Händen geknetet, bis sich eine gleichartige geschmeidige Masse bildet. Bevor man die Masse auf das Papier streicht, wird sie etwas erwärmt oder das Papier selbst auf eine mäßig warme Platte gelegt, gestrichen und dann in schmale Streifen geschnitten. Der Verband mit diesen Streifen hat den Vortheil für sich, daß er nicht gelöst zu werden braucht, da er von der Rose gesprengt wird und sich dann von selbst ablöst. Sicherer ist aber immer das Binden mit Bast und ist es gewiß besser, die Arbeit des Lösens zu haben, als in Folge mangelhafter Behandlung des Papierverbandes einen großen Verlust an Veredelungen zu erleiden. Will man dennoch Papier anwenden, so nehme man sogenanntes Handpapier, welches weit zäher und stärker als gewöhnliches Maschinenpapier ist. Ein äußerliches Verstreichen des Verbandes mit kaltflüssigem Baumwachse ist aber jedenfalls anzurathen.

Die veredelten Wildlinge werden mit ihren Ballen so lange in feuchtes Moos gesetzt, bis eine größere Anzahl zusammen sind; diese werden dann reihenweise, einer dicht neben dem andern, in die, auf dem Dünger befindlichen Erde eingeschlagen, wenn man es nicht vorzieht, die Ballen mit etwas Erde in schmale hohe Töpfe zu setzen und diese in die Erde so dicht als möglich einzugraben. Das letztere

Verfahren hat den Vorzug, daß hierbei die Rosen beim Auspflanzen in's Freie feste Ballen haben, wodurch die Wurzeln zusammengehalten werden und keine Beschädigung erleiden, während, wenn die Ballen nur eingeschlagen sind und die jungen sich reichlich bildenden Wurzeln beim Herausnehmen zum großen Theile verletzt werden, leicht ein Verkümmern, oft ein vollständiges Zurückgehen der schon gewachsenen Veredelungen stattfinden kann.

Die Fenster auf den Kästen werden gleich von Anfang an mit Kalkmilch bestrichen; ein weiteres Beschatten ist dann nicht nothwendig und ein Verbrennen durch die Sonne unmöglich. Man hat nichts weiter zu thun, als die Veredelungen mäßig feucht zu halten und sie zu diesem Zwecke nach Bedürfniß mit lauem Wasser zu spritzen.

Haben die Veredelungen fingerlang getrieben, so gewöhnt man sie allmählich an die Luft, indem man die Kästen täglich einige Stunden flach lüftet. Mit der Zeit und sobald man sieht, daß die Triebe erhärten, kann man höher Luft geben, schließlich in milden Nächten die Fenster herunter nehmen und endlich auch bei Tage die Kästen offen lassen. Dann ist die Abhärtung vollständig und die Rosen können ausgepflanzt oder verpflanzt werden, um in Töpfen auch ferner zu bleiben.

Sollen sie in Töpfen weiter cultivirt werden, so nimmt man solche von genügender Größe und versetzt die Rosen mit recht kräftiger Erde hinein, nachdem man vorher den Verband gelöst und die in den Kästen gewachsenen zarten Triebe auf zwei bis drei Augen gekürzt hat. Man wird dann zum Herbste schöne kräftige Pflanzen, zum Theil schon zum Treiben geeignet, erhalten. Sollen die Rosen dagegen ausgepflanzt werden, so richtet man ein Beet gut her, düngt dasselbe mit verrottetem Miste und setzt die Rosen, nachdem man ihnen den Verband gelöst und sie zurückgeschnitten hat, in Reihen, die 30 Centimeter weit von einander entfernt sind. In den Reihen können die Pflanzen annähernd in gleicher Entfernung gepflanzt werden. Die Behandlung ist nun wie bei oculirten Rosen; sie werden, wenn sie nicht im Herbste zum Verkaufe gelangen oder eingetopft werden, gedeckt, und im Frühjahr, wie schon angegeben, geschnitten. Im Herbste wird man dann sehr kräftige Büsche haben, die sowohl zur Landcultur, wie zum Treiben in Töpfen gleich gut sich eignen.

---

# 6. Capitel.

## Die Vermehrung der Rose durch Stecklinge.

Die Stecklingsvermehrung kann während des ganzen Jahres vorgenommen werden, sobald man dazu geeignetes Holz besitzt; sie hat die Erzielung wurzelächter Rosen zum Zwecke.

Am vortheilhaftesten ist folgendes Verfahren: Im August, sobald alle Rosen im Freien ihr Holzwachsthum zum größten Theile beendet haben, legt man auf einer Stelle, die nie zu naß werden kann, auch wenn es sehr lange regnen sollte, einen Mistbeetkasten an. Den zu Stecklingen bestimmten Kasten stellt man auf die flache Erde oder arbeitet ihn doch nur unbedeutend in dieselbe hinein. Die ausgeschachtete Erde benutzt man dazu, einen Umschlag außen um den Kasten zu setzen. Der Boden des Kastens wird dicht mit flachen Ziegeln oder alten Brettern belegt, um ihn gegen das Eindringen des Maulwurfs zu sichern. Sodann bringt man auf die Beete alte Holz- und Strauch-Abfälle, die als Drainage dienen, auf diese eine Lage gut verrotteten Düngers, dann eine dünne Schicht kräftiger, mit grobem Sande vermischter Erde und auf diese reinen, scharfkörnigen Flußsand in der Höhe von drei bis vier Centimetern. Jede der einzelnen Schichten wird gut geebnet und tüchtig angedrückt. Die Sandschicht muß so dicht unter dem Glase sein, daß die Stecklinge fast die Scheiben berühren; je näher sie dem Lichte sind, um so besser ist ihr Wachsthum. Dem Kasten wird am besten eine ganz schwache Neigung gegen Norden gegeben, um ihn vor all' zu heftigem Sonnenbrande zu schützen.

Ist die Anlage in dieser Weise in Bereitschaft, so beginnt man mit dem Schneiden der Stecklinge und beobachtet dabei die Vorsicht, im Wachsen ähnliche Gattungen möglichst in einen Kasten zusammenzubringen. Z. B. bringe man Thé-, Noisette- und Bengal-Rosen zusammen. Sie bewurzeln sich leichter, als Hybride-, Remontant-Rosen und ähnliche Gattungen.

Zu Stecklingen kann man alles einjährige Holz verwenden, jedoch wächst erfahrungsgemäß schwaches Holz mit enger Markröhre leichter und besser, als sehr starkes üppiges Holz mit sehr starkem schwammigen Markkörper.

Man schneidet die Stecklinge auf 2 bis 3 Augen; Neuheiten kann man sogar recht gut ohne Gefahr mit einem einzigen Auge stecken, natürlich muß sich dieses an der Basis des Stecklings befinden und über dem Auge ein nicht zu kurzes Theil Holz stehen bleiben. Der Schnitt muß mit einem sehr scharfen Messer so geführt werden, daß es in der Höhe des Auges, diesem entgegengesetzt, ansetzt und dann etwas wenig schräg nach unten gegen dasselbe zugeführt wird. Zum Schneiden nimmt am besten ein Messer mit gerader Schneide und dünner Klinge, doch ist jedes Veredelungsmesser dazu zu verwenden, vorausgesetzt, daß es eine reine, sehr scharfe Schneide hat, da nur in diesem Falle auf ein Anwachsen der Stecklinge gerechnet werden darf. Das unterste Blatt am Stecklinge wird bis auf einen Theil des Blattstieles abgeschnitten, während man von den obern Blättern je ein Paar der Fiederblätter stehen läßt; dieselben müssen die Ernährung des Stecklings bis zu dessen Bewurzelung erleichtern und vermitteln.

Will man die Stecklinge in den Kasten bringen, so zieht man in einer Entfernung von fünf bis sechs Centimetern Linien in dem Erdreich desselben, und zwar von oben nach unten laufend, und steckt in diese die Stecklinge ziemlich dicht ein. Von oben nach unten laufende Reihen sind deshalb den Querreihen vorzuziehen, weil die Feuchtigkeits- und Wärme-Verhältnisse im Kasten nicht überall gleichmäßig sind. Die Erde trocknet an der oberen Seite gewöhnlich viel schneller und leichter aus, als unten im Kasten und könnte es sehr leicht vorkommen, daß durch irgend welche unvorhergesehenen Verhältnisse gerade die Stecklinge oben oder unten im Kasten nur zum kleinsten Theile wachsen. Bei Querreihen kann man auf diese Weise leicht ganze Sorten verlieren, während bei Längsreihen immer nur in jeder Reihe, also von allen Sorten einzelne Stecklinge verloren gehen. Die Stecklinge sollen so tief gesteckt werden, daß die Schnittfläche noch im Sande, aber dicht über der Erdschicht bleibt, so daß die sich bildenden Wurzeln gleich in derselben die dem Stecklinge nöthige Nahrung finden. Erst bei völliger Erstarkung werden sie die Erdschicht durchdringen, sich in dem Dünger ausbreiten und den Steckling durch Zuführung reichlicher Nahrung für künftiges kräftiges Wachsthum fähig machen.

Sind die Stecklinge gesteckt, so wird der Kasten tüchtig angespritzt und dann ordentlich geschlossen gehalten; bei sonnigem, warmem Wetter wird täglich, wenn nöthig Morgens und Abends gegossen, bei trüben Tagen seltener. Als sicherster Beweis, daß das Wachsen der Stecklinge seinen normalen Anfang nimmt, ist die Erscheinung anzusehen, daß die alten Blätter theilweise gelb und, noch halb grün, abgestoßen werden. Geht dies vor sich, so benutzt man einen warmen, trüben Tag zum Reinigen der Kästen. Man schneidet sich ein langes spitzes Hölzchen und spießt die abgefallenen Blätter daran, möglichst ohne die Stecklinge zu berühren. Mit den Fingern soll man nicht dazwischen greifen, da leicht die an den Blattstielen und an den Stecklingen selbst befindlichen Dornen ein Losziehen der Letzteren veranlassen können, indem sie sich an den Fingern festhaken.

Sieht man, daß die Stecklinge alle oder doch zum großen Theile zu treiben anfangen oder findet man beim Herausziehen eines Stecklings oder bei dem Versuche hierzu, daß die Bewurzelung erfolgt ist, was bei Thé-, Noisette-, Bengal- und Bourbon-Rosen zuerst der Fall sein wird, so beginnt man vorsichtig mit dem Lüften. Die Luft muß immer der Wetterseite entgegengesetzt gegeben werden, so daß der Wind nie in den Kasten eindringen kann. Die Rosen sollen möglichst abgehärtet werden, bis der Winter kommt, doch ist ein völliges Abnehmen der Fenster nicht anzurathen, da sehr viel Stecklinge, besonders von den hart- und starkholzigen Sorten, wohl vor Eintritt des Winters Callus und kleine Wurzelspitzen bilden, die Hauptbewurzelung aber erst im Frühjahr daraus erzeugen. Nimmt man nun die Fenster vorzeitig ab, so sind solche Stecklinge unrettbar verloren.

Treten Nachtfröste ein, so müssen Abends die Fenster geschlossen werden, doch erst dann fängt man mit dem Decken der Kästen an, wenn wirklich harter, dauernder Frost zu fürchten ist. In diesem Falle deckt man die Fenster mit Decken oder Brettern und schüttet auf diese eine ordentliche Schicht trockenes Laub, auf welches man, um das Verwehen zu verhindern, alte Reiser oder etwas Dünger ausbreitet. Diese Laubdecke bleibt während des ganzen Winters unberührt so lange auf dem Kasten, bis mildes Wetter eintritt; auch dann beeile man sich noch nicht zu sehr mit dem Aufdecken des Kastens. Erst einige Tage, nachdem der Erdboden an freien

Stellen durchaus frostfrei ist, entferne man die Laubdecke. Man thue dies nicht früher, weil sich unter der Decke der Frost länger hält als im Freien und das Aufthauen, wenn keine nachtheiligen Folgen für die Stecklinge daraus erwachsen sollen, ganz allmählich erfolgen muß. Nach dem Abräumen der Laubdecke kann man, um ganz sicher zu gehen, die Bretter oder Decken noch einige Tage liegen lassen. An einem trüben Tage nehme man dann auch die Decken ab und, wenn die Luft warm genug ist, kann man nun auch die Fenster ein wenig lüften. Sind Nachtfröste zu fürchten, so werden nach Sonnenuntergang die Decken aufgelegt. Erst nachdem warmes Standwetter eingetreten ist, nimmt man die Fenster von den Kästen, damit die Stecklinge, von denen nun Alles, was überhaupt wachsen will, Wurzeln in genügender Menge haben muß, sich an die freie Luft gewöhnen und auf ihre nunmehrige Behandlung vorbereitet werden. Die Stecklinge müssen nun verschult werden. Dies kann auf zweierlei Weise geschehen, von denen die eine wohl sehr einfach, die andere dagegen weit vortheilhafter ist. Das einfachere Verfahren besteht darin, daß man die jungen Pflanzen an einem trüben, regnerischen Tage auf Beete auspflanzt, die zu diesem Zweck mit altem Dunge tief umgegraben werden müssen. Das Herausnehmen der Stecklinge aus dem Kasten muß ganz besonders vorsichtig geschehen, da die Rosenwurzeln sehr leicht abbrechen oder reißen; man beginnt damit an einer Seite, unterhöhlt Reihe für Reihe, so daß die Stecklinge fast von selbst aus der Erde fallen. Die Stecklinge werden auf dreireihige Beete, in Entfernung von 30 Centimetern zwischen den Reihen und 15 bis 20 Centimetern in denselben gepflanzt. Kommen gleich nach dem Auspflanzen sonnige, heiße Tage oder starke Winde, so wird man ziemlich erhebliche Verluste erleiden, da viele von den jungen Pflanzen noch nicht genug verholzte Wurzeln haben, um diesen Einflüssen zu widerstehen. Sind die Rosen angewachsen, so schneidet man die im Kasten entstandenen Triebe ziemlich kurz zurück, es werden sich nun kräftige, gesunde Pflanzen entwickeln, von denen schon eine große Anzahl im Herbste verkäuflich ist.

Etwas umständlicher, aber auch dafür um so viel sicherer ist das zweite Verfahren. Die Stecklinge werden, nachdem man sie kräftig zurückgeschnitten hat, einzeln in kleine Stecklingstöpfe gepflanzt und diese während der Dauer einiger Wochen in kalten Mistbeetkästen aufbewahrt. Man kann zu diesem Zwecke gleich wieder die leeren Stecklingskästen benutzen. Nach Verlauf dieser Zeit gewöhnt man sie allmählich wieder an die Luft und pflanzt sie nun, mit möglichster Erhaltung der schon ziemlich durchwurzelten Topfballen, auf die dazu bestimmten Beete. Auf diese Weise sind aus einem Fenster, das mit gut wachsenden Sorten besteckt war, an Tausend Pflanzen zu erzielen; das ist gewiß ein nicht zu unterschätzender Ertrag. Während des Sommers muß man bei schwachwachsenden, aber früh und reichblühenden Sorten alle sich bildenden Knospen rechtzeitig unterdrücken, da durch zu reiches Blühen das Holzwachsthum, um das es sich doch in erster Linie handelt, beeinträchtigt werden würde. Liegt daran, recht rasch verkäufliche Topfrosen zu erhalten, so kann man schwachwachsende, dankbar blühende Sorten mit Vorsicht um die Mitte September in Töpfe setzen, ohne daß die Pflanzen sich wesentlich zu ihrem Nachtheile verändern; man muß sie nur sehr vorsichtig und möglichst mit Erhaltung des Ballens ausheben und eine genügende Zeit lang geschlossen und schattig halten. Sie werden dann wohl einige Blätter verlieren, aber immer noch die Knospen und genügend Blätter behalten, um als hübsche Verkaufspflanzen verwerthet werden zu können; natürlich müssen ihnen, wenn das beabsichtigt wird, die Knospen, während die Pflanzen im offenen Lande sind, erhalten bleiben.

Eine andere Art, Stecklinge herzustellen, besteht darin, daß man nicht nur das reife Holz von getriebenen Rosen, sondern auch im Herbste von den Landrosen abgeschnittenes und im frostfreien Einschlage überwintertes Holz im Frühjahre zu Stecklingen schneidet und diese in einen mit Laub und Dünger angesetzten, halbwarmen Kasten steckt; viele Sorten wachsen auf diese Weise sehr gut und können oft schon nach zwei Monaten eingepflanzt werden, um in Töpfen weiter cultivirt oder nur darin überwintert und im Frühjahre ausgepflanzt zu werden. Auch kann man im Herbste Stecklinge in kleine hölzerne Handkästen oder flache Terrinen stecken, nur sorge man für einen guten Wasserabzug und eine leichte, mit scharfem, reinem Sande stark vermischte Erde. So lange es noch warm ist, stehen sie am besten in einem geschlossenen Mistbeetkasten, wird es darin zu kalt, so bringt man sie in ein temperirtes Haus, in dem man sie möglichst nahe dem Lichte, am besten auf einer sogenannten Hängebrücke, placirt. Sind sie im Frühjahre gewachsen, so ist ihre Behandlung derjenigen gleich, die auch den auf andere Weise gezogenen Stecklingen zu Theil wird. Sorten, die leicht und sicher wachsen, kann man jederzeit, wenn zu Stecklingen wirklich gut geeignetes Holz vorhanden ist, einzeln in ganz kleine Töpfchen stecken. Man nimmt hierzu eine Mischung von Haideerde oder Torferde, mit der gleichen Menge Flußsand gut vermengt, kann dabei auch auf den Boden eines jeden Topfes einige Stückchen Coaks oder Holzkohlen legen, welche einen guten Wasserabzug hervorbringen, dabei aber selbst so viel Feuchtigkeit aufsaugen, daß ein zu schnelles und starkes Austrocknen der kleinen Ballen nicht zu befürchten ist. Die Behandlung ist die gleiche, als wenn man die Stecklinge in Handkästen gesteckt hätte oder im Mistbeete cultiviren würde. Erlaubt es die Jahreszeit, so kann man die Töpfchen sehr gut in dasselbe einfüttern.

## 7. Capitel.

### Die Vermehrung der Rosen durch Ableger.

Es giebt einige Rosen, wie z. B. Moosrosen, Centifolien, Provinzrosen und andere, welche sich vortheilhafter durch Ableger, als auf jede andere Weise vermehren. Zu diesen Gattungen sind noch die Sorten zu zählen, welche sehr starkes, hartes Holz bilden und erfahrungsgemäß aus Stecklingen nur sehr schwer zur Vermehrung zu bringen sind.

Will man Ablegervermehrung vornehmen, so muß man zu diesem Zwecke eine Mutterpflanzung einrichten, deren einzelne Büsche soviel Raum um sich haben, daß man ihre Triebe beim Absenken wenigstens nach zwei Seiten hin gleichmäßig und unbehindert ausbreiten kann. Man kann beispielsweise die Reihen 1,5 Meter von einander nehmen, während die einzelnen Büsche 0,8 bis 1 Meter weit in den Reihen von einander stehen müssen.

Beim Absenken entsteht die Frage, ob man möglichst schnell wenige starke oder viele und dann schwächere Pflanzen erzielen will. Im ersteren Falle legt man im Herbste alle Triebe eines Busches derart in die Erde, daß man rund um den Busch herum, hauptsächlich aber nach den beiden freieren Seiten hin, einen flach muldenförmigen Graben von ungefähr

10 bis 15 Centimeter Tiefe aushebt. In diese Mulde biegt man die Haupttriebe **vorsichtig** und ohne **sie einzubrechen** nieder und befestigt sie mit Haken darin. Will man ein Uebriges thun, so kann man die Triebe an der unteren Seite der Biegungsstelle bis auf's Mark einschneiden und ein Stück aufwärts einspalten (Fig. 24.), oder man bringt dem Triebe an der bezeichneten Stelle einige Verletzungen mit einer Quetschscheere (Fig. 25.) bei. Beide Verwundungen verfolgen denselben Zweck: **vermehrten Saftandrang** und damit **verbundene schnellere** und **reichere Wurzelbildung** an der Wundstelle. Nachdem die Triebe in der gewünschten Lage befestigt sind, wird die Mulde mit einer, durch Mischung mit gutem Composte verbesserten Erde angefüllt und diese festgedrückt, während die aus dem Graben hervorragenden Triebenden durch Hinterfüttern mit Erde in eine **möglichst senkrechte** Richtung gebracht werden. Sind es empfindliche Sorten, die man absenkt, so werden sie mit einer ordentlichen Lage Tannenreis dicht bedeckt, auch ist ein Belegen des Bodens mit kurzem Strohdünger **sehr dienlich**, da solcher eine für die Bewurzelung der Senker ebenso **nöthige**, als **günstige** gleichmäßige Feuchtigkeit im Boden erhält. Eine weitere Behandlung ist nicht mehr erforderlich. Im Herbste des Jahres nach dem Absenken, **vorausgesetzt, daß dieses** im **Herbste** vorgenommen wurde, werden die Senker reich bewurzelt sein, können mit der Rosenscheere von der Mutterpflanze getrennt,

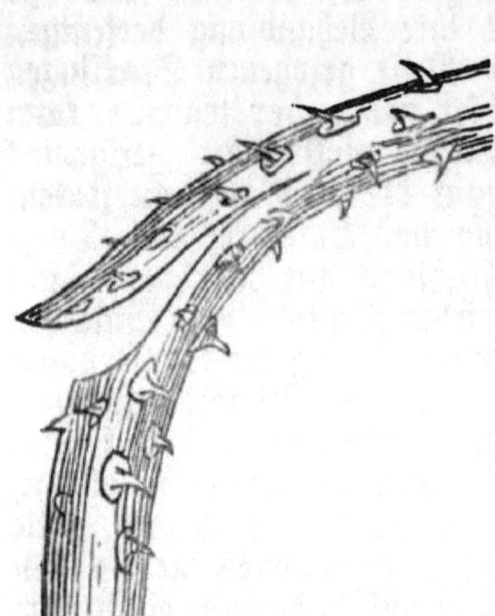
Fig. 24.

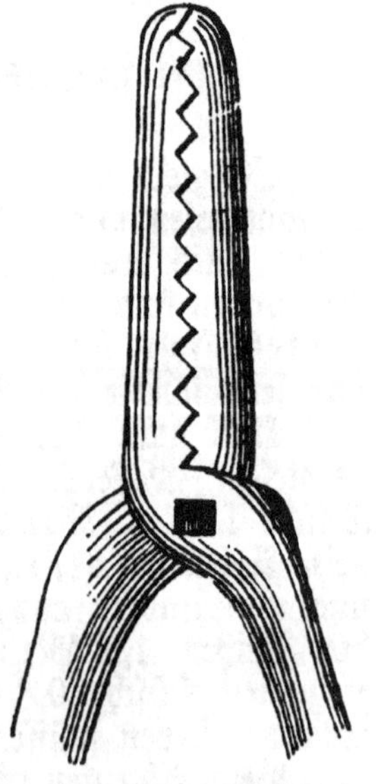
Fig. 25.

dann ausgegraben und zur ferneren Erstarkung in gewohnter Weise verschult werden.

In Folge des Niederbiegens der Triebe und der hierdurch veranlaßten, nicht unerheblichen Säftestockung werden sich in der Mitte jeder Pflanze alljährlich zahlreiche kräftige Triebe bilden, die entweder in demselben Jahre oder nach einjähriger Ruheperiode wiederum zum Niederlegen zu benutzen sind.

Ist es mehr um schnelle und zahlreiche Vermehrung von Sorten, als um Erlangung starker Pflanzen zu thun, so verfährt man folgendermaßen: Man breitet um jeden Busch eine dünne Schicht nahrhaften Compostes aus, legt im Herbste die Zweige darauf nieder, ohne sie mit Erde zu bedecken und schützt sie gegen den Winterfrost mit einer genügend dichten Decke von Tannenreis. Im Frühjahr läßt man die Zweige austreiben; dies wird in Folge des Niederliegens nicht nur an den Spitzen der Triebe, sondern auf deren ganzer Länge so geschehen, daß fast jedes Auge einen Trieb bildet. Haben diese jungen, krautigen Schosse eine Länge von ungefähr 15 Centimetern erreicht, so breitet man eine Schicht guter, lockerer Erde vorsichtig zwischen denselben aus, so daß sie in gleichmäßiger Höhe von 6 bis 8 Centimetern liegt. Bis zum Herbst werden alle jungen Triebe fast ausnahmslos an ihrer Basis reich bewurzelt sein; sie können nun abgeschnitten und verschult werden. Im Jahre darauf wird man nach erfolgtem Rückschnitt schon kräftige, gutbewurzelte Verkaufspflanzen daraus erzielt haben.

Hat man Sorten zu vermehren, die sehr dickes, sprödes Holz haben und deren Zweige sich nicht leicht biegen lassen, ohne einzubrechen, so läßt sich an Stelle des Absenkens durch Niederlegen sehr gut das Anhäufeln anwenden. Zu diesem Zwecke sucht man durch kräftigen Rückschnitt möglichst viel Triebe nahe der Erde zu bekommen. Diese werden im Herbst in der vorbezeichneten Weise möglichst nahe an ihrer Basis verwundet, dann einige Zoll hoch Erde dazwischen gebracht und die hervorragenden Spitzen mit Laub oder Tannenreis gedeckt. Im Frühjahre deckt man sie wieder auf und läßt sie bis zum Herbste ungestört. Alle Triebe werden dann genügend bewurzelt sein, um abgenommen und verschult zu werden. Oft schon in demselben Sommer bildet die Pflanze genügende Triebe, um gleich, nachdem die jungen Pflanzen abgenommen sind, wieder der Vermehrung in gleicher Weise, wie beschrieben, zu dienen.

# 8. Capitel.

## Sortimente und Mutterpflanzungen.

Sehr viele Rosenzüchter begehen den Fehler, mit der Zucht edler Rosen anzufangen, bevor sie die nöthigen Edelaugen und Reiser besitzen. Es werden, um keine Zeit zu verlieren, Massen von Wildlingen gepflanzt, in der Hoffnung, die erforderlichen Reiser zum Veredeln anderweitig zu erhalten. Dieser Umstand ist zum großen Theile mit Schuld, daß in der Benennung und Beschreibung unserer Rosen eine nicht unbedeutende Unbestimmtheit herrscht, von der besonders kleinere Geschäfte oft unangenehm getroffen werden. Es geht dies so weit, daß in Verzeichnissen helle Rosen als dunkle bezeichnet werden und dunkle Sorten für helle passiren müssen.

Soll eine Rosenschule angelegt werden, so ist es unbedingt nöthig, daß ein Jahr zuvor, ehe die ersten Wildlinge gepflanzt, schon ein Sortiment und eine Mutterpflanzung beschafft werden. Ist dies in dem Maße geschehen, daß man seinen Bedarf an Reisern und Stecklingsholz selbst haben kann, so ist nie Ungewißheit und Unordnung in der Benennung zu fürchten, vorausgesetzt, daß die Pflanzen von einer reellen Rosenschule bezogen sind.

Für den Handel sollte nur eine beschränkte Auswahl der besten Rosen cultivirt und vermehrt werden. Die Vermehrung großer Sortimente für den Handel ist nur für Spezialzüchter von Werth, sonst aber ganz nutzlos und für den kleineren Züchter nicht anzurathen, es erschwert ihm seine Aufgabe ganz bedeutend, ohne ihm oder seinen Abnehmern wesentlich Vortheil zu bringen. Sortimente und Mutterpflanzungen bestehen am besten aus wurzelächten oder niedrig veredelten Rosen. Zwischen beiden Pflanzungen kann folgender Unterschied gemacht werden. Das Sortiment soll zum Zwecke eigener Belehrung und des Vergleichs zwischen den verschiedenen Rosen eine größere Anzahl Sorten aller Classen in beispielsweise je zwei Exemplaren von jeder einzelnen Sorte enthalten, während die Mutterpflanzung nur eine weit beschränktere Anzahl sorgfältig geprüfter und bewährter Sorten in zahlreicheren Exemplaren zur Massenvermehrung aufweisen soll.

Man pflanzt das Sortiment, je nachdem man den Platz hat, in Reihen oder Doppelreihen auf Rabatten, oder in übersichtlicher Weise auf ein geschlossenes Quartier. Die verschiedenen Klassen Rosen werden dabei von einander gesondert gepflanzt. Nimmt man ein Quartier zur Pflanzung, so theilt man sich dasselbe sehr zweckmäßig so ein, daß auf dem ganzen Stücke, so weit es nöthig ist, Reihen abgesteckt werden, zwischen denen 60 bis 70 Centimeter Raum bleibt. In diesen Reihen werden die Rosen in Entfernung von 50 bis 60 Centimetern so gepflanzt, daß immer die zwei Exemplare einer Sorte in zwei Reihen hintereinander zu stehen kommen.

Sind auf diese Weise zwei Reihen voll gepflanzt, so läßt man eine Reihe offen und bepflanzt die nächsten zwei in gleicher Weise. Man erhält auf diese Weise doppelreihige Beete, zwischen denen, selbst wenn die Rosen üppig wachsen, genügender Raum zum Gehen, zum bequemen Decken und allen sonstigen Arbeiten bleibt.

Die Bezeichnung der Rosen kann durch Pfahletiquetts geschehen, an denen sich eine Nummer, mit Oelfarbe auf dem Pfahl oder mit chemischer Tinte auf Zinktafeln geschrieben, befindet; die Etiquetts werden an die Pfähle genagelt. Die gleichen Nummern, in Walzblei geschlagen, sollen sich an jeder der beiden betreffenden Rosen befinden, die mit dem Pfahle bezeichnet werden sollen. Man kann auch neben der Nummer den Namen der Sorten an den Etiquetts stehen haben, doch unterbleibt dies in den meisten Rosenschulen aus bekannten Gründen. Bei Sortimenten und auch andern Pflanzungen hat sich folgende Art der Bezeichnung sehr gut bewährt. Hat man z. B. auf einem Quartiere 5 Beete, jedes mit zwei Reihen, und jede Reihe 25 Pflanzen enthaltend, so erhalten die Beete römische Ziffern von I bis V. Die Reihen werden, wenn man nicht, wie oben angegeben, gepflanzt hat, sondern die Sorten in den zwei Reihen eines Beetes verschieden sind, mit den Buchstaben a und b bezeichnet, und die einzelnen Rosen jeder Reihe werden mit gewöhnlichen Zahlen in fortlaufender Ordnung, von 1 bis 25 in diesem Falle, bezeichnet. Man macht sich dann, um in allen Fällen schnell Auskunft haben zu können, zwei Verzeichnisse, von denen das eine das Sortiment in alphabetischer Ordnung enthält, wogegen das andere nach der Pflanzordnung aufgenommen ist. Sucht man nun eine bestimmte Rose des Sortiments, z. B. Gloire de Dijon und stehen, nachdem man sie unter G im Verzeichnisse gefunden hat, dahinter die Zeichen III, a, 20, so weiß man sofort, daß sie auf dem dritten Beete, in der vordersten Reihe als die zwanzigste zu suchen ist. Die Benutzung des andern Verzeichnisses ist, da es nach der Pflanzordnung aufgenommen ist, dann anzuwenden, wenn man die Sorten in einem Sortimente beobachten und studiren will. Es kann auf diese Weise nie ein Irrthum vorkommen und arbeitet es sich eben so schnell, als bequem nach solchen Verzeichnissen.

Das Sortiment soll so belegen sein, daß es dem Züchter zur Beobachtung bequem ist, denn darin liegt der Hauptnutzen, daß man nach dem Verhalten der Sortimentspflanzen in den localen Verhältnissen den Werth der Sorten für den Handel und die Vermehrung bestimmt; natürlich kann dies nicht immer allgemein für sehr weite Kreise gelten, da die Boden- und Witterungsverhältnisse jeder Gegend verschieden auf die Pflanzen einwirken.

Für den Großhandel sollten nur solche Sorten in größerer Menge cultivirt werden, die neben einer gewissen Widerstandsfähigkeit gegen Witterungseinflüsse kräftiges, schönes Wachsthum und reichen Flor besitzen, deren Blumen außerdem schön und tadellos in Bau und Farbe sind, sich auch dem Auge in angenehmer Stellung zeigen. Von solchen Hauptsorten wählt man sich eine beschränkte Anzahl in seinem Sortimente zur Massenvermehrung aus, und von ihnen soll dann die Mutterpflanzung zusammengesetzt werden. Die bessern der nicht in die Mutterpflanzung aufgenommenen Sorten kann man in genügender Menge durch Oculation und Stecklinge von den Sortimentspflanzen vermehren. Von den für die Mutterpflanzung erwählten Sorten pflanzt man von jeder einzelnen so viel, daß man wenigstens einen großen Theil der nöthigen Reiser und Stecklinge von denselben schneiden kann. Die jungen Kronen, sowie die Rosen der Schulbeete liefern, ohne daß man denselben durch das Schneiden schadet, so viel, um das nach dem Schnitte der Mutterpflanzung noch Fehlende zu ergänzen.

Außer durch das Schneiden des zur Veredelung und Stecklingsvermehrung nöthigen Holzes geben die genannten Pflanzungen in den meisten Fällen auch einen nicht zu unterschätzenden Ertrag an Blumen und machen auf diese Weise das mit ihnen cultivirte Land doppelt rentabel.

Da die Sortimente und Mutterpflanzungen fast immer durch von auswärts bezogene Pflanzen hergestellt werden, so mögen hier gleich einige Verhaltungsmaßregeln in Betreff deren Behandlung folgen. In allen Fällen, in denen die Bezüge der Pflanzen aus einem milderen Klima gemacht werden, veranlasse man die Zusendung im Frühjahre, oder wenn die Pflanzen im Herbste eintreffen, überwintere man sie im frostfreien Raume, um sie im Frühjahre nach kräftigem Rückschnitte, wie schon früher angegeben, zu pflanzen.

Sollte eine Sendung in stark gefrorenem Zustande eintreffen, so bringe man sie ungeöffnet oder doch, ohne sie auszupacken, in einen nur eben frostfreien, nicht warmen Raum und übergieße sie tüchtig mit kaltem Wasser. Nach mehrtägigem Liegen wird der Frost aus den Pflanzen verschwunden sein und kann deren Einschlagen oder Einpflanzen unbedenklich erfolgen, natürlich nicht, bevor man sich davon überzeugt, daß besonders die Wurzeln der gefährdet gewesenen Pflanzen nicht gelitten haben. Noch häufiger kommt es vor, daß Pflanzen auf einem längeren Transporte durch die Trockenheit gelitten haben. In diesem Falle ist es nicht, wie vielfach geschieht, zu empfehlen, die Rosen ganz in's Wasser zu legen; sehr häufig quellen sie darin wieder an, um sofort nach der Pflanzung plötzlich abzusterben. Viel besser ist es, solche Rosen an einer mäßig feuchten Stelle ganz in die Erde einzugraben, so daß sie mindestens 25 bis 30 Centimeter damit bedeckt sind. Vorher kann man ihnen die Wurzeln frisch anschneiden. Nach wenigen Tagen untersucht man die Pflanzen. Alle, die überhaupt noch lebensfähig waren, werden in den früheren normalen Zustand zurückgekehrt sein und frisch grün erscheinen. Sollte dies bei einem Theile der eingegrabenen Rosen nicht der Fall sein, so sind sie eben todt und auf keinerlei Weise mehr zu retten.

Wurzelächte Rosen soll man, besonders in leichtem Boden, etwas tiefer pflanzen, als sie ursprünglich standen, da sie dann frische Wurzeln an den oberen Theilen bilden und sehr gut wachsen werden. Bei niedrig veredelten Rosen ist dies aber nicht in allen Fällen zu empfehlen, da manche Sorten zu ihrem größten Nachtheile dadurch ganz den Character wurzelächter Rosen annehmen. Bei frisch gepflanzten Rosen, die dauernd stehen bleiben sollen, ist ein Gießen in trockenen Jahren von Nutzen. Man bildet am besten gleich beim Pflanzen eine kleine Mulde um jede Pflanze und füllt diese mit kurzem Dünger, Lohe oder sonst einem, die Feuchtigkeit lange haltenden Material aus.

In allen Rosenpflanzungen ist ein einmaliges Umgraben im Frühjahre erforderlich, genügt aber auch in allen Fällen, sowohl in den Standpflanzungen, wie in den Schulen. Während des Sommers ist ein je nach Bedarf wiederholtes leichtes Durchhacken oder Schaufeln des Bodens nöthig.

Sehr verschieden sind im Allgemeinen die Ansichten über die Düngung der Rosen. Für die Schule und die Zucht der Rosen ist bereits schon früher Anleitung zum Düngen gegeben. In gleicher Weise, also mit altem, vergangenem Dünger wird das Land für die Dauerpflanzung, das man in allen Fällen rigolen sollte, reichlich gedüngt. Sollte nach etlichen Jahren ein Nachlassen des Wachsthums der Rosen bemerkbar werden und man Ursache haben, solches auf einen Mangel an Nahrung zurückzuführen, so muß auf Zufuhr frischer Nahrung gedacht werden. Es kann dies auf verschiedene Weise geschehen, entweder durch vorsichtiges Verpflanzen der Rosen, mäßigen Rückschnitt an Holz und Wurzeln und frisches Düngen desselben Landes oder eines anderen ganz neuen Terrains, oder, will man dies nicht, so gräbt man zwischen den Rosen kurzen, alten Dünger möglichst tief ein, wählt am besten dazu den Herbst, da dann während des Winters noch jede, etwa vorhandene Schärfe aus dem Dünger schwinden kann.

Als letzter Ausweg kann die Benutzung flüssigen Düngers (Jauche) angesehen werden. Doch muß mit deren Anwendung die äußerste Vorsicht verbunden sein. Man nehme nie frische, scharfe Jauche, sondern solche, die genügend abgestanden ist. Dann gieße man während des Winters die zu düngenden Beete in genügender Stärke über und grabe dann das Land im Frühjahr tief um, so daß der Dünger erst nach Verlust aller zu scharfen und den Wurzeln schädlichen Theile an dieselben gelangt. Mit größter Vorsicht ist eine Untergrundsdüngung mit flüssigem Dünger vorzunehmen, und wenn solche überhaupt angewandt werden soll, so geschehe es möglichst im Winter oder ganz zeitig im Frühjahr. Geschieht es später, so ist die Folge ein überaus üppiges, lange andauerndes Holzwachsthum. Die durch dasselbe erzeugten Triebe sind empfindlich, markig und schwammig und die gewöhnliche Folge ist ein starkes Zurückfrieren so gedüngter Rosen. Auch die Verkaufspflanzen soll man, wenn es nicht durchaus an anderm Dünger fehlt, nicht mit Jauche düngen, da so gezogene Rosen zum Schaden der Käufer viel leichter dem Verderben ausgesetzt sind, als solche, die auf die früher beschriebene Weise gedüngt waren.

Was den Schnitt der Mutterpflanzen betrifft, so ist dabei wohl mehr auf die Holzerzeugung, als eine sehr reiche Blüthenbildung hinzuarbeiten. Man schneide deshalb, so weit solches nicht schon im Sommer zum Zwecke des Oculirens und Stecklingsschneidens geschehen ist, im Frühjahr alles feine Holz ganz heraus. Alle starken Triebe aber werden, vorausgesetzt, daß es nicht gar zu viele sind, in welchem Fall ein Theil derselben ganz zu unterdrücken ist, auf wenige Augen kurz zurückgeschnitten; man wird dann zahlreiche kräftige Triebe bekommen, die, je nach Bedürfniß zum Oculiren oder zur Stecklingsvermehrung geschnitten werden können; für beide Zwecke wird gleich passendes Material vorhanden sein. Werden die sich durch wiederholten Rückschnitt bildenden Zapfen zu lang, so kann eine vollständige Verjüngung durch gänzliches Herunterschneiden erfolgen. Es wird danach, besonders bei wurzelächten Rosen, nicht an gutem Ersatz fehlen.

Bei niedrig veredelten Rosen, an denen die Veredelungsstelle über der Erde ist, muß man sorgfältiger mit dem Schnitte zu Werke gehen, da sich bei ihnen nicht so leicht Ersatz für verlorene Triebe erzielen läßt. Am sichersten und besten verfährt man, wenn man von jeder Sorte, die gezeigt hat, daß sie wurzelächt nicht gut wächst (es sind dies nicht viel und nach den Localverhältnissen verschiedene Sorten), beständig einige junge Veredelungen vorräthig hält, um jederzeit Ersatz zu haben, wenn, was besonders bei französischen und holländischen Rosen der Fall ist, eine Veredelung während des Winters zurückgeht oder doch so leidet, daß sie nie wieder kräftig werden kann.

Sorten, die wie manche Thé-Rosen erfahrungsgemäß nicht des Winters im Freien bleiben können, ohne durch den Frost erheblich zu leiden, kann man jeden Herbst herausnehmen und in einem frostfreien Raume überwintern, um sie im Frühjahre wieder auszupflanzen. Auf diese Weise erhält man immer noch viel mehr und weit kräftigeres Holz, als wenn man sie ganz in Töpfen cultiviren würde.

Sehr empfindliche Rosensorten, die schwer und erst spät zur Entwickelung ihrer Blumen zu bringen sind, können auf sehr einfache Weise ganz bedeutend verbessert werden, so daß sie nicht nur früh und reich blühen, sondern auch die Blumen viel vollkommener werden, als die der in gewohnter Weise veredelten Pflanzen. Es genügt, solche Rosen, die besonders unter den Thé- und Noisette-Rosen häufig sind, auf eine leicht und reichblühende Sorte, die diese Eigenschaften mit kräftigem Holzwuchse vereint, zu oculiren und für diesen Zweck hat sich Gloire de Dijon wie keine andere bewährt. Man kann, will man niedrig veredelte Pflanzen ziehen, auf wurzelächte Gloire de Dijon veredeln. Sollen die in Frage stehenden Sorten hochstämmig oculirt werden, so setzt man in den Wildstamm erst die Augen von Gloire de Dijon; geschieht dies zeitig und wird der erscheinende Edeltrieb früh eingestutzt, so kann oft noch in demselben Jahre die betreffende Sorte darauf oculirt werden. Man kann auf diese Weise manche nach gewöhnlichem Verfahren oculirte, nicht zu empfehlende Rose für den Handel tauglich und werthvoll machen.

---

## 9. Capitel.

### Die Zucht der Treibrosen.

Sollen in einer Rosenschule Treibrosen gezogen werden, so beschränke man sich darauf, speciell zu diesem Zwecke einige wenige Sorten in Massen zu vermehren. Die geeignetste und beliebteste Form für Treibrosen ist die Veredelung auf den Wurzelhals oder doch die der niedrig veredelten Rosen. Nur in sehr geringer Menge werden Stammrosen getrieben, wurzelächte wohl häufiger, doch bleibt die Art der Behandlung bei der Vorbereitung zum Treiben, wie auch bei diesem selbst, die gleiche. Als passende Unterlage für die niedere Form benutzt man außer R. canina noch R. Manettii und Gloire de Dijon (für wenige Sorten); für hochstämmige Treibrosen ist R. m. de la Grifferai, besonders für Théa und

Noisetten, recht gut als Unterlage und immerhin der Versuch zu empfehlen, zu gleicher Zeit und in gleichen Verhältnissen Stämme von der genannten und auch solche von R. canina mit darauf veredelten Treibrosen zum Treiben zu verwenden. Der Erfolg wird immer ein guter sein, nur sind die auf R. m. de la Grifferai veredelten Kronen weniger dauerhaft, als solche auf R. canina, erstere auch empfindlicher gegen den Frost, als letztere.

Am schnellsten erzielt man eine treibfähige Rose durch die schon früher beschriebene Landcultur. Sehr kräftige, einjährige Veredelungen oder schon zweijährige Pflanzen werden aus dem Lande ausgehoben und mit kräftiger, nicht allzuschwerer Erde in genügend große Töpfe gesetzt. Es geschieht dies unter allen Umständen am besten im Herbste und können die Töpfe nach dem Einpflanzen in einen frostfreien, nicht zu warmen Raum zur Ueberwinterung gebracht werden. Sollen die Rosen erst spät getrieben werden, so kann man die frisch eingepflanzten dazu benutzen, will man sie dagegen früh treiben, so müssen sie ein Jahr in Töpfen cultivirt werden. Da hier mehr von der Anzucht der Rosen, als von deren Cultur als fertige Pflanzen die Rede sein soll, so mag hier das Verfahren beim Treiben selbst nur skizzenhaft Platz finden.

Soll nur ein allmähliches Antreiben der Rosen bewerkstelligt werden, so kann das in einem gut geschützten Kasten geschehen. Die im Herbste eingetopften Rosen werden von allem kleinen Holze gesäubert und die zurückbleibenden kräftigen Triebe in angemessener Weise gekürzt. Darunter ist zu verstehen, daß Sorten, die an kurzem, gedrungenem Holze Blüthen entwickeln, stärker, solche, die an längerem Holze blühen, dagegen weniger zurückgeschnitten werden, da sich bei den Letzteren aus den nahe dem Ursprunge der Triebe befindlichen Augen nur Holztriebe entwickeln, die erst sehr lang werden können, bis sie mit Blüthen abschließen. Im Februar, so bald die Sonne zu wirken beginnt, umgiebt man den Kasten, in dem sich die Rosen möglichst nahe dem Lichte befinden, mit einem starken Umschlage frischen Düngers, um ihn vor dem zu starken Auskühlen zu bewahren. Dann läßt man die Sonne möglichst darauf einwirken und deckt Abends, so bald die Sonne fort ist, den Kasten ordentlich zu. Die Rosen werden sehr bald gedrungene, kräftige Triebe entwickeln, denen man zeitweilig durch einen schwachen Dungguß, der wie alles Wasser, was man den Rosen beim Treiben giebt, in lauwarmem Zustande sein muß, Nahrung zuführt. Wird es, wenn die Sonne höher steht, zu heiß im Kasten, so lüftet man die Fenster, jedoch ohne dieselben zu beschatten. Man wird auf diese einfache Weise schon Anfangs Mai, in günstigen Frühjahren sogar schon Ende April, schöne Rosen verkäuflich haben, denen das Treiben nicht anzusehen ist.

Scheint der Kasten, in dem die Rosen stehen, nicht für das Treiben derselben geeignet, so kann man in einem hellen Kalthause, das eine Tablette nahe dem Glase hat, eben so gut seinen Zweck erreichen. Nur muß, sowohl hier wie im Kasten, bei hellem Wetter nie das Spritzen mit lauem Wasser unterlassen werden, da sich sonst leicht Ungeziefer entwickelt, dem man dann wieder durch besondere Mittel begegnen muß.

Will man Rosen zum Frühtreiben ziehen, so überwintert man die frisch eingetopften Rosen im Freien unter einer genügend starken Decke, hat man den Raum, auch im frostfreien Keller oder Kasten. Bleiben sie im Freien, so gräbt man die Töpfe in den Boden ein, überdeckt diesen mit einer Schicht kurzen Düngers und schützt das Holz in bekannter Weise gegen den Frost. Im Frühjahr schneidet man die Rosen, wie vorstehend gesagt, nur können sie um ein weniges kürzer geschnitten werden. Während des Sommers gebe man mehrere aus Rindermist bereitete Dunggüsse, lasse es ihnen überhaupt nie an Feuchtigkeit fehlen. Anfangs September hört man auf, reichlich zu gießen, und in der letzten Hälfte dieses Monats nimmt man die Töpfe ganz aus der Erde und legt sie auf die Seite, so daß sie nicht vom Regen durchnäßt werden und ordentlich austrocknen. Das Holz wird auf diese Weise zu einer erhöhten Reife und einem vollständigen Stillstande des Wachsthums gezwungen. Die Pflanzen, welche zuerst getrieben werden sollen, werden nun geschnitten und in das Haus oder einen heizbaren Kasten gebracht. Für den Schnitt gilt in allen Theilen das schon Gesagte. Sorten, die lange Triebe machen, wie manche Thé- und Noisette-Rosen (Maréchal Niel, Gloire de Dijon, Bouquet d'Or u. s. w.) werden nur vom schwächsten Holze befreit, die langen starken Triebe aber gar nicht oder höchstens an der Spitze wenig gekürzt und um einige an den Topfrand gesteckte Stäbe geschlungen und geheftet, sie geben dann reichliche und gut ausgebildete Blüthen. Man beobachte dabei die Vorsicht, die Triebe nie senkrecht nach aufwärts, sondern möglichst wagerecht zu heften, da dann fast alle Augen eines solchen Triebes gleichmäßig austreiben und kräftige Blüthen entwickeln werden.

Die Rosen bringt man dem Glase möglichst nahe und beginnt sie mit ganz allmählicher Steigerung der Temperatur anzutreiben. Rauch, so wie schroffe Temperaturwechsel müssen ängstlich vermieden werden, da sie ein Zurückgehen der Triebe bewirken können. Ebenso darf die Luft in einem Rosentreibhause nie trocken werden; man kann am besten durch häufiges Besprengen der Heizung und durch auf derselben angebrachte Wasserbehälter für die nöthige Feuchtigkeit sorgen. Auch müssen die Pflanzen selbst bei hellem Wetter täglich mindestens einmal mit angewärmtem Wasser gespritzt werden, wenn sich an ihnen nicht zahllose Blattläuse entwickeln sollen. Sobald die Knospen Farbe zu zeigen beginnen, steigert man die Temperatur nicht mehr, wenn man die Rosen nicht vielleicht alle auf einmal in Blüthe haben will. Will man die Entwickelung der Knospen zurückhalten, so bringe man die Pflanzen an die am wenigsten warme Stelle des Hauses und erst, nachdem sie sich hier etwas gewöhnt haben, in ein nur mäßig temperirtes Haus. Würde man sie sofort in ein Kalthaus bringen, so würden sich die Blüthen kaum weiter entwickeln, sie würden eine Weile stehen bleiben, endlich gelb werden und abfallen.

Sorten, wie Hermosa, die gewöhnliche R. semperflorens u. A. können schon in einem mäßig temperirten Hause während des ganzen Winters in Blüthe gehalten werden. Es darf ihnen nur nicht an Licht fehlen. Sorten, wie die genannten, können, da sie auch als schwache Pflanzen reich und unausgesetzt blühen, mit Vortheil ganz im Topfe cultivirt werden, um so mehr, da sie im Lande schnell sehr stark und für das Eintopfen ungeeignet werden.

Von den vielen empfohlenen Treibrosensorten nennen wir hier eine beschränkte Auswahl solcher Sorten, die sich lange bewährt haben und mit denen allen, auch den höchsten Anforderungen Genüge geleistet werden kann. Sie eignen sich sämmtlich zur Massenvermehrung für den Handel. Es mögen außer den nachstehend erwähnten noch eben so gute und werthvolle Sorten in größerer Anzahl bekannt sein, doch gewährt es keinen Vortheil, sie alle zu ziehen. Auch liegen diesem Verzeichnisse neben meinen eigenen, sorgfältigen Beobachtungen noch die Erfahrungen anerkannt bewährter und tüchtiger Rosenzüchter, wie die der Gebrüder Schultheis in Steinfurth zu Grunde.

## Hybride-Remontant-Rosen.

Abel Carrière, Blume von gutem Bau, ansehnlicher Größe, guter Füllung; Farbe: ein sehr schönes dunkles Carmin, mit noch dunkleren Schattirungen; schöner, kräftiger Wuchs; gute Haltung der Blume.

Annie Laxton, Blume mittelgroß, gut gefüllt, schön rosa, mit carminrosa schattirt.

Baronne de Rothschild (Madame la B. de R.), prachtvolle Rose von schönstem muschelförmigen Bau, sehr groß, selbst ganz offen noch schön, Farbe prächtig hellrosa mit von nur sehr wenigen Sorten gezeigtem weißlichem Scheine, Blume von vorzüglicher Haltung an der Spitze der schön belaubten, gedrungenen Triebe. Leider geruchlos.

Crimson Bedder, von gutem Bau, mittlerer Größe und schöner Füllung, scharlachroth mit carmoisin, sehr gut.

Docteur Andry, Blume groß gefüllt, von ziemlich flachem, regelmäßigem Bau, dunkelcarmin, mit helleren Reflexen.

Du Roy, Blume mittelgroß von fast kugeligem Bau, gut gefüllt, dunkelrosa, sehr dankbar.

Duchesse de Vallombrosa, groß, gefüllt, schön gebaut, prächtiges nach der Mitte der Blume heller werdendes Rosa.

Elisa Boelle, sehr schöne, gut gebaute Treibrose, fast weiß mit zartem rosa Anhauch.

Eugêne Appert, Blnme mittelgroß, flach gebaut, von sehr schöner Haltung, Farbe prachtvoll sammtartig carmoisin mit dunkler Schattirung, sehr schön belaubt.

Général Jaqueminot, alte bekannte Sorte von kaum zu übertreffender Dankbarkeit, lebhaft carmin, besonders als Knospe schön.

John Hopper, Blume groß, bis sehr groß, Musterform, von vorzüglicher Haltung, dankbar und leicht blühend, sehr schönes reines rosa.

Jules Margottin, eine der besten und dankbarsten Treibsorten, Blume hellkirschroth, mittelgroß, gut gebaut.

La France, herrliche Sorte, vom edelsten Theerosenbau, unerschöpflich im Blühen, sehr groß, prachtvoll silberartig rosa, feinster Wohlgeruch, durchaus gefüllt.

Le Lion des combats, Blume groß, gut gebaut, von schöner, dunkelpurpurrother Färbung mit hellen Reflexen.

Mabel Morrison, sehr gute und schöne Treibrose von gutem Bau, Blume groß, gefüllt, schön weiß.

Madame Desbordeaux, prachtvolle Färbung, gut gefüllt, glänzend rosa im Innern, Rückseite der äußern Petalen lachsfarbig rosa.

Madame Gustave Bonnet, Blume von sehr schönem, muschelförmigem Bau, mittelgroß, sehr schön weißlich rosa mit rosa Anhauch im Fond.

Madame Lacharme, Blume sehr groß, von schönem Bau, guter Füllung, prachtvoll weiß, nur in der Mitte zart rosa Schein.

Magna Charta, vorzügliche Treibrose, Blume sehr groß, gut gefüllt, leuchtend, rosa mit carmin schattirt.

Marquise de Castellane, Rose 1. Ranges, prachtvoller Bau und Haltung, Blume bis sehr groß, gefüllt, gesättigtes rosa.

Prince Camille de Rohan, eine der besten dunkeln Treibrosen, groß, gefüllt, sammtartig dunkelcarmin, in's Bräunliche scheinend.

Sénateur Vaïse, sehr gute, alte Sorte, vorzüglicher Rosenbau, schön leuchtend, carmin mit sammtartiger Schattirung.

Souvenir de la Princesse des Pays-Bas, Blume hoch gebaut, sehr groß und von guter Füllung, leuchtend hell carmin, mit dunkelpurpur schattirt.

Triomphe de l'Exposition, eine der bekanntesten und ältesten Treibrosen von kräftigem Wachsthum und guter Haltung, leuchtend, hellcarmin, Blume groß, bis sehr groß.

Victor Verdier, gute Treibrose, Blume hoch gebaut, sehr groß, schön rosa gefüllt, hellcarmin geadert und schattirt.

## Thee-Rosen.

Adrienne Christophle, Blume groß, gut gebaut, aprikosengelb, kupferartig und rosa verwaschen.

Belle Lyonnaise, eine der schönsten Theerosen Musterbau, gute Füllung, sehr reicher Blüher, Blume leuchtend, dottergelb, in Lachsfarbe übergehend.

Duchesse Mathilde, Blume lang gebaut, besonders als Knospe sehr schön, gefüllt, ganz zart gelblich weiß.

Gloire de Dijon, eine der ältesten, aber trotzdem der besten Theerosen (bei vielen Züchtern als Noisette aufgeführt). Im Bau und Farbe so veränderlich, wie keine Rose. Ersterer varirt vom regelmäßigsten Theerosenbau bis zur krausen Malvenfüllung, letztere von einem leuchtenden Gelb mit nur wenigen rosa Wolken bis zum ausgeprägten lachsfarbenen Rosa. Im Blühen unübertroffen.

Homère, Prachtrose, gutgebaut, gefüllt, Farbe veränderlich, meistens Blumenblätter gelblichweiß mit lachsfarbiger rosa Einfassung, mitunter fast ganz rosa mit weißlichem Fond.

Madame Brémont, sehr gute Treibsorte, Blume groß, gefüllt, Farbe veränderlich, zuweilen rosa und purpurcarmin.

Madame Falcot, eben so schön, als dankbar, Blume langgebaut, als Knospe sehr schön, Füllung nur mäßig, Farbe sattes nankingelb, oft mit rosa Schatten.

Maréchal Niel, wohl die schönste aller Rosen. Blume von vollendetem Bau, durchaus gefüllt, prachtvoll dunkelcanariengelb, edler Duft, bei gutem Standort unausgesetzt blühend.

Niphetos, auch als weiße Maréchal Niel verbreitet, schön gebaut, fast gefüllt, groß, zart rosaweiß.

Perle des jardins, vorzügliche Rose, oft etwas dunkler als Mar. Niel, blüht leicht und dankbar, Blume groß, gefüllt, schöner Bau, sehr zu empfehlen.

Shirley Hibbert, dankbar blühend, Blume kaum mittelgroß, als Knospe schön geformt, prächtiges Colorit, leuchtend chamois in Nankingelb übergehend.

Sombreuil, gut gefüllt, kräftige Blume, flach gebaut, groß, sehr schön weiß mit zart rosalachsfarbiger Mitte.

## Noisette-Rosen.

Céline Forestier, Blume groß, flach gebaut, sehr gut gefüllt, schön canariengelb, oft mit fast weißem Rande. Duft stark narcissenartig.

Triomphe de Rennes, im Bau wie die vorige, etwas heller in Farbe, doch gleichmäßiger und ohne den hellen Rand.

## Bourbon-Rosen.

Cathérine Guillot, Blume mittelgroß, sehr schöner muschelförmiger Bau, gut gefüllt, dankbar, carminrosa.

La Reine des Iles-Bourbon, außergewöhnlich leicht und reichblühend, Blume mittelgroß, halbgefüllt, gut gebaut, zart lachsfarbig rosa.

Louise Odier, anerkannt gute Treibrose, im Ganzen Cathérine Guillot ähnlich, doch ein helles, schönes Rosa zeigend.

Mademoiselle Blanche Lafitte, sehr dankbar blühend, kaum mittelgroß, sehr hübsch geformt, stark gefüllt, Blumenblätter fleischig, porzellanfarbig weiß mit sehr zartem rosa Anhauch.

Mistress Bosanquet, Blume mittelgroß, fast gefüllt, gut gebaut, zart fleischfarbig weiß, sehr dankbar und leicht blühend, alte, nicht genug zu empfehlende Sorte.

Souvenir de la Malmaison. Im Werthe kaum zu übertreffen. Blume groß, bis sehr groß, flach gebaut mit krauser, dichter Füllung, oft, besonders im Herbst und getrieben, regelmäßig gefüllt, dann als Knospe prachtvoll. Farbe sehr zart rosa, von der lebhafter gefärbten Mitte nach dem Rande zu blasser, endlich fast reinweiß.

## Rosen verschiedener Classen.

Centifolie, gewöhnliche, Blume groß, edelster Rosenbau, dicht gefüllt, mit feinstem Dufte. Schönes gesättigtes Rosa.

Madame Plantier, gute Treibrose, Blume klein, gut gefüllt, reinweiß, sehr dankbar.

Moosrose, gewöhnliche, gleicht im Ganzen sehr der Centifolie, wegen der moosartig bewachsenen Knospen und Blüthenstiele sehr beliebt.

Soupert & Notting. (Moosrose, remontirende), die beste remontirende Moosrose, Blume groß, gut gefüllt, fast centifolienartig. Wie die meisten remontirenden Moosrosen nur wenig bemoost.

Hermosa [Napoléon] wird als Bourbon- eben so häufig, wie auch als Bengal-Rose bezeichnet, sehr werthvoll, kaum mittelgroß, gefüllt, Blume von gutem Bau, schön rosa gefärbt.

# 10. Capitel.

## Rosenfeinde aus dem Thierreiche.

Wie alle Culturgewächse hat auch die Rose eine Menge Feinde aus dem Thier- und Pflanzen-Reiche, deren Bekämpfung dem Züchter obliegt, soweit diese nicht durch die Natur selbst wirksam erfolgt.

Hier sollen nur die Feinde aufgeführt werden, die durch massenhaftes Auftreten Schaden verursachen und deren Bekämpfung mit Eifer vollzogen werden muß. Aus dem Thierreiche sind es hauptsächlich die folgenden, die an den verschiedenen Theilen der Rose durch wirkliches Fressen oder örtliche Saftentziehung Schädigung des Wachsthums veranlassen.

In erster Linie sind es einige Käfer und deren Larven, die zeitweise an den Rosen viel Schaden anrichten können. Der erste Zerstörer des Rosenlaubes ist der gewöhnliche Maikäfer (Melolontha vulgaris), der in Flugjahren manchen Rosenstrauch kahl frißt, doch hat man nie eigentliche Verwüstungen zu fürchten. Dennoch ist es anzurathen, die Käfer absammeln zu lassen, weil man damit allein einer wirklichen Plage begegnen kann, nämlich dem massenhaften Auftreten der Maikäferlarve, des sogenannten Engerlings. Eine Beschreibung desselben ist, da er überall vorkommt, überflüssig. Er hat zu seiner Entwickelung fast drei Jahre nöthig, während welcher er sich von jungen Wurzeln nährt. An jungen Rosen kann er sehr viel schaden. Findet man angefressene Pflanzen, so stopfe man zwischen je zwei Reihen wiederholt etliche Salatpflanzen, man wird dann sehr schnell an deren Welkwerden sehen, daß sich Engerlinge darunter befinden und dieselben mit leichter Mühe sammeln können, sie ziehen sich bald gänzlich von den Rosen fort, den Salatpflanzen zu, deren zarte Wurzeln sie verzehren. Ein recht gutes Mittel zur Massenvertilgung von Engerlingen besteht darin, daß man in den zu schützenden Ländereien in nicht zu großen Zwischenräumen Gruben von beliebiger Weite aushebt und diese mit Dünger anfüllt; derselbe wird etwas festgetreten und mit Erde leicht bedeckt. Man läßt diese Gruben ungestört bis zum Eintritt des Winters, worauf man den Dünger ausbringt und breitwirft. Man wird Tausende von jungen

Engerlingen darin finden, die natürlich durch die Kälte zu Grunde gehen. Man kann auch im Sommer den Dünger ausbringen und in eine Jauchegrube werfen oder verbrennen.

Der Gartenlaubkäfer (Melolontha horticola) tritt in manchen Jahren so häufig auf, daß er durch Entblättern der Rosen deren Wachsthum nicht wenig schädigt, besonders da er gerade zur Zeit der vollsten Entwickelung der Rose, im Juni, seine Zerstörungen anrichtet. Es lohnt sich deshalb schon der Mühe, ihn Morgens, so lange es noch kühl und feucht ist, von den Büschen abzuklopfen, zu welchem Zwecke man einen alten Schirm nimmt. Sobald die Sonne scheint, sind die Käfer lebhaft und fliegen bei drohender Gefahr davon. Der Käfer ist 8 bis 9 Millimeter lang, 5 bis 6 Millimeter breit; die Flügeldecken sind glänzend braun, stark gewölbt und fast glatt, der übrige obere Körper aber ist metallisch glänzend grün, die untere Seite ist glänzend schwarz, der ganze Käfer ist, mit Ausnahme der Flügeldecken mit Haaren von gelblicher Farbe dünn bewachsen.

Der Rosenkäfer (Cetonia aurata) schadet nur den Blüthen, indem er dieselben, hauptsächlich in aufblühendem Zustande, ausfrißt. Er tritt nie sehr massenhaft auf und kann, da er groß und auffallend gefärbt ist, leicht abgenommen und getödtet werden. Beim Anfassen giebt er eine sehr übelriechende Flüssigkeit von sich. Er wird 1 bis 2 Centimeter lang, 1 bis 1,5 Centimeter breit, hat eine im Ganzen eckige Form und wechselt ebenso sehr in Farbe, wie Größe. Erstere ist immer schön metallisch glänzend und in allen Abstufungen von goldgrün bis purpurn schillernd. Auf den Flügeldecken sieht man mehrere weiße, meist hakenförmige Flecken, deren Stellung bei den einzelnen Käfern verschieden ist.

An den Wurzeln junger Rosen richtet in sehr vielen Gegenden die Maulwurfsgrille, auch Erdkrebs, Werre oder Reitwurm genannt (Gryllotalpa vulgaris) große Verheerungen an. Das Thier ist sehr leicht zu erkennen und verräth sich dessen Dasein durch schmale, aufgeworfene Gänge, die genau einem stark verkleinerten Maulwurfsgange ähneln. Das Thier frißt sowohl als Larve, wie als vollkommenes Insect die jungen Wurzeln, wie die Rinde der älteren ab und sind sich beide Formen in Gestalt und Farbe schon sehr ähnlich. Das Thier ist, ausgewachsen, bis 6 Centimeter lang, sehr gedrungen gebaut und am ganzen Körper mit einem braunen, sammtigen, an der unteren Körperseite fast goldig schimmernden Filze bekleidet. Ganz besonders kennzeichnend sind die zwei starken Vorderbeine, die, unverhältnißmäßig dick und kurz, vollständig hornartig sind und den Thieren, wie dem Maulwurfe seine vorderen Gliedmassen, als ausgezeichnete Grabewerkzeuge dienen. Um das Insect, wo es massenhaft auftritt, zu vertilgen, empfiehlt es sich, stellenweise glasirte Töpfe einzugraben, in welche die Thiere hineinfallen und dann getödtet werden können. In französischen Baumschulen, in denen die Werre zuweilen enorme Verwüstungen anrichtet, ist ein Arbeiter oft wochenlang nur mit deren Fange beschäftigt. Es geschieht dies mit bestem Erfolge derart, daß der Arbeiter die sich zeigenden Gänge mit dem Finger verfolgt bis zum senkrecht in der Erde liegenden Neste, in welches sich das Thier bei Gefahr zurückzieht. Er gießt nun aus einer mitgeführten Flasche einige Tropfen Steinöl in die Röhre und ein Quantum Wasser dahinter her, um es hinunter zu spülen. Nach wenigen Augenblicken kommt die Werre, wenn sie überhaupt im Neste war, heraus und stirbt dann sofort.

Von den Schmetterlingen ist es eine ganze Anzahl, besonders kleinerer Arten, die den Rosen durch Abfressen der Blätter und Ausfressen der in der Entwickelung begriffenen Knospen Schaden zufügen. Es sind dies besonders die kleinen Wicklerraupen, und kann man dieselben leicht in ihren Nestern, die aus zusammengesponnenen oder aufgerollten Blättern bestehen, durch Zerdrücken zerstören. Haben sie ihren Aufenthalt in angefressenen Knospen, so verrathen sie sich durch einen braunen Saft, der aus der Wunde am Stengel herabfließt.

Von größeren Raupen sind es nur einige, die weniger durch ihre große Anzahl, als durch ihre Größe und Gefräßigkeit schaden und die man, da sich ihr Aufenthalt an den kahlgefressenen Stellen sehr leicht erkennen läßt, durch Absuchen tödten kann.

Der Ringelspinner (Bombyx neustria) legt seine Eier in Form eines mehr oder minder breiten, festgeleimten Ringes um die Zweige der Nährgewächse. Die ausschlüpfenden Raupen leben erst gesellig, sobald sie jedoch größer werden, halten sie sich nur einzeln auf. Ihre Hauptfarbe ist ein mattes Blaugrau, das durch mehrere trübröthliche Längsstreifen getheilt ist. Auf der Mitte des Rückens läuft ein heller Längsstreifen.

Die Raupe ist gleichmäßig cylinderförmig, im Verhältniß zur Länge (bis 5 Centimeter) nur dünn und ganz mit einzeln stehenden, langen Haaren bewachsen. Die Puppe findet man zwischen Blättern in einem mit rothgelben Puder bestäubtem Gespinnste. Den Schmetterling sieht man nicht häufig und ist daher auch seine Vertilgung nicht leicht, während man die Raupe unschwer ausfindig machen und tödten kann.

Die Raupe des Schwammspinners (Liparis dispar) geht einzeln an die Rosen, kann aber, da sie groß und gefräßig ist, sehr schädlich werden und soll man ihr, so wie dem einem Stück Zunder ähnlichen filzigen Eierhaufen, der an Stämmen und Zweigen, an Gebäuden, Planken und Mauern abgesetzt wird, eben so dem trägen Schmetterling, der an Baumstämmen still sitzt und durch seine Größe und Farbe auffällt, eifrig nachstellen. Besonders leicht findet man das sehr große, weißlich graue und mit schwarzen Zickzacklinien gezeichnete Weibchen, das vor Allem vernichtet werden muß. Die Raupe wird 5 bis 6 Centimeter lang und sehr dick. Die Grundfarbe ist ein dunkel geadertes Grau.. Die Raupe wird durch gleichmäßig über den Körper vertheilte rothe und blaue Warzen, die als Träger langer, ziemlich steifer Haare dienen, gekennzeichnet. Der Kopf ist auffallend dick, heller als der Körper und mit großen bräunlichen Flecken gezeichnet. Die große plumpe Puppe ruht zwischen wenigen groben Fäden in einigen zusammengezogenen Blättern; sie ist fast schwarz und mit ganz kurzen, gelben Haaren nur dünn besetzt.

Am häufigsten tritt die Raupe des Goldafters (Bombyx chrysorrhoea) an den Rosen auf. Man findet die Eier an der Unterseite der Blätter in Form eines glänzend braunbehaarten rundlichen Wulstes von je nach der Zahl der darin enthaltenen Eier in mehr oder minder großer Länge. Die Raupen leben Anfangs gesellig in Gespinnsten, vertheilen sich jedoch bei weiterer Ausbildung und bis zu ihrer Verpuppung. Die Raupe ist 3 bis 4 Centimeter lang, in der Grundfarbe schwärzlich und trägt auf dem ganzen Körper Längsreihen von rothen und schwärzlichen Warzen, auf denen gelbbraune Haare in dünnen Büscheln stehen. Auf dem Rücken sind einige reinweiße Flecke und nahe dem Kopfe eine zapfenähnliche, rothe nichtbehaarte Warze. Die Raupe sowohl, wie der zeitweise sehr häufige, weiße Schmetterling, der durch den mit braunen Haaren sehr dick besetzten letzten

Leibesring leicht kenntlich ist, werden, da sie träge sind, mit leichter Mühe zerstört. Will man den Goldaftern mit bestem Erfolge nachstellen, so muß man während des Winters die Raupennester, die Ueberwinterungsquartiere der Raupen der Goldafter, die meistentheils an Obstbäumen zu finden sind, abschneiden und verbrennen.

Eine Menge von Feinden hat die Rose an den verschiedenen Arten von Wespen, deren Larven sich von ihren Blättern nähren. Ohne specielle Aufführung der Arten soll hier nur auf die Larven im Allgemeinen aufmerksam gemacht werden. Es sind dies raupenartige Thiere von meist trübgrüner Färbung, die sich mit ihren 6 Beinen meistentheils am Rande der Blätter festhalten, von wo sie, den Hinterleib bogenförmig unter sich gebogen, oder, bei Berührung, steil nach oben gestreckt, nach der Blattrippe zu fressen. Am schädlichsten ist die oft in großer Menge erscheinende Rosen-Bürsthorn-Wespe (Hylotoma rosae); sie legt ihre Eier in die jungen Triebe, die in Folge dessen unschöne, krankhafte Krümmungen bekommen. Man kann der Vermehrung aller dieser fressenden Larven dadurch begegnen, daß man zur Zeit, in der diese sich in der Entwickelung befinden, was zweimal während des Sommers der Fall ist, die Rosen des Morgens abklopft, wobei man die Thiere in einem Schirme oder Korbe auffängt um sie dann zu tödten. Es läßt sich das natürlich nur bei kleinerem Betriebe oder besonders werthvollen Pflanzungen durchführen.

Ein Rosenfeind, der, wo er massenhaft auftritt, bekämpft werden muß, ist die grüne Rosenblattlaus (Aphis rosae). Die Blattläuse können, da sie fast immer in enormen Mengen erscheinen, durch locale Saftentziehung das Wachsthum der Pflanzen, besonders der jungen, frischveredelten oder kleiner wurzelächter Rosen ganz bedeutend schädigen. Selbst wenn die befallenen Pflanzen die zum Verkaufe nöthige Stärke erreichen, werden sie doch immer bis zu einem gewissen Grade unansehnlich und durch die Absonderungen der Colonien dieser Schmarotzer verunziert erscheinen.

Als wirksamstes Mittel ist ein Eintauchen der Kronen und Triebe in ein Absud von Quassia amara, mit venetianischer Seife gemischt und mit Wasser verdünnt, zu empfehlen, zu welcher Arbeit sich am besten ein trüber, aber regenloser Tag eignet. Man wird dadurch seinen Zweck vollständig erreichen und werden solche getauchte Pflanzen nicht leicht wieder von Läusen oder auch Raupen heimgesucht werden. Bei größeren Pflanzungen kann man an Stelle des Tauchens ein wiederholtes, kräftiges Abspritzen mit dieser sehr billigen Flüssigkeit treten lassen; man wird auch damit die gewünschte Wirkung erlangen. Bei Treibrosen in Häusern oder Kästen kann man auch mit Tabak oder Schwefel räuchern, um die Thiere zu tödten, doch wird man damit nie so vollständig zum Ziele gelangen, als wie durch Eintauchen der Pflanzen.

Aus dem Reiche der Säugethiere sind es nur die Mäuse, die in Jahren, in denen sie massenhaft auftreten, sehr gern die Wurzeln der Rosen abfressen, auch im Winter den niedergelegten Stämmen die Rinde vollständig abnagen. Mit sehr gutem Erfolge umgiebt man ein zu schützendes Quartier mit einem steilwandigen Graben, in dem man jeden Morgen eine sehr große Menge gefangener Mäuse finden wird. Innerhalb des vom Graben umgebenen Terrains kann man in wenig Tagen durch Gift und Falllöcher mit senkrechten Wandungen die vorhandenen Mäuse fast bis auf die letzte wegfangen. Als Gift haben sich Phosphorpillen, die man, um sie dem Auge nützlicher Vögel zu entziehen, in die frisch geöffneten Mäuselöcher wirft, durchaus bewährt. Nur müssen sie gleich möglichst frisch und massenhaft angewandt werden.

---

# 11. Capitel.

## Die Schutzmittel der Natur für die Rose.

Bei alle den fressenden und bohrenden Feinden der Rose wäre es sehr schlimm, wenn wir auf die vorstehend aufgeführten Mittel, die sich im Großen kaum einmal gründlich anwenden lassen, angewiesen sein sollten. Viel wirksamer als wir arbeitet die Natur mit ihren Mitteln der Ueberhandnahme aller schädlichen Thiere entgegen.

Säugethiere, Vögel, Amphibien und Insecten, ja selbst die Pilze arbeiten an der Zerstörung der Pflanzenfeinde.

Von den Säugethieren sind es besonders der Maulwurf und die Spitzmaus, die (in den Pflanzschulen wenigstens) alle Schonung verdienen. Wenn auch der Maulwurf nicht gerade so nützlich ist, wie man früher gern annahm, so ist er in Folge seines Raubthiergebisses und seines inneren Baues doch lediglich auf thierische Nahrung angewiesen und worin sollte diese wohl anders bestehen als in Insecten und deren Engerlingen?

Von der Spitzmaus, diesem kleinsten unserer Säugethiere, läßt sich genau dasselbe sagen, wie vom Maulwurf. Während sie von der Natur durch einen durchdringenden Bisamgeruch gegen die Verfolgung der Raubvögel geschützt ist, wird sie von den Menschen aus Unkenntniß gleich der Feldmaus vertilgt. Sie ist ein außerordentlich fleißiger Insectenvertilger. Man kann sie an dem langen, sehr spitzen Rüssel, sowie am schwärzlich sammtartigen Felle leicht erkennen. Sie verdient vollste Schonung, wo sie im Freien vorkommt.

Von den Vögeln sind es hauptsächlich die Staare, sowie die meisten unserer Singvögel, die auf jede Weise gehegt und geschont werden müssen. Besonders erstere sind Vertilger solcher Raupen, die nicht von anderen Thieren angegriffen werden, nämlich der mit Haaren bewachsenen. Selbst der in der Neuzeit geächtete Sperling, der nach der Berechnung naturkundiger Leute im preußischen Staate allein für Millionen Getreide fressen soll (!!!), ist ein guter Freund des Rosenzüchters. Stundenlang kann man Schaaren von Sperlingen emsig die Pflanzungen durchschlüpfen und die Kronen und Büsche absuchen sehen; sollten sie da wohl Getreide und sonstige vegetabilische Leckerbissen suchen?! Man untersuche einen solchen Vogel, dann wird man seinen Magen mit Insectenresten angefüllt finden. Durch Fernhalten der Katzen aus den Pflanzungen, Vermeidung von Schießen, Nesterschutz, kann man ohne sonst weiteres Zuthun, Vögel in der Nähe der Pflanzung und in dieser selbst erhalten. Für den Rosenzüchter giebt es keine schädlichen Vögel. Er kann also jedes Nest, das er innerhalb seines Bereiches findet, dulden und schützen, ohne besorgt sein zu müssen, daß ihm damit ein Schaden erwächst.

Wenn ich an dieser Stelle eine Wort zu Gunsten der Amphibien, als da sind Frösche, Kröten, Eidechsen und Schlangen, anbringe, so geschieht dies weniger mit ganz speziellem Bezuge auf deren Schonung zu Gunsten der Rosen, sondern hauptsächlich um deren Schutz überhaupt und allgemein zu empfehlen. Diese harmlosen Thiere, von denen es heißt, sie seien giftig, gleichviel, ob dem so sei oder nicht, fallen leider in vielen Gegenden noch, wo sie sich sehen lassen, der Dummheit zum Opfer. Die Giftschlange, welche in Deutschland überhaupt vorkommt, die Kreuzotter, wird uns wohl nie in unseren Pflanzschulen begegnen, da sie ein scheues Thier ist, das gern felsige, waldige Gegenden bewohnt und ungereizt kaum beißen wird. Also können wir alle Amphibien, denen wir in unseren Gärten begegnen, als unschädlich für den Menschen, dann aber, da sie nur von Insecten und anderen schädlichen Thieren leben, als uns nützliche Thiere, die unseren Schutz verdienen, betrachten. Der Schutz, den wir den Amphibien angedeihen lassen, wird uns in allen Fällen besser gelohnt werden, als der des Storches, der ein gefräßiger, schädlicher Räuber ist.

Unsere treueste Hilfe in der Vertilgung der kleinen Feinde unserer Rosen aus dem Insectenreiche sind Insecten. Von den Käfern sind es besonders die an Arten und Individuen sehr reichen Laufkäfer (Carabaeen), die als Larven sowohl, wie als vollkommene Insecten eine Menge von Raupen und Larven vertilgen. Ganz bekannt ist der schöne Goldkäfer, den man, besonders an heißen sonnigen Tagen eifrig laufend auf der Jagd sieht. Außer ihm findet man eine Menge verschiedener Arten Laufkäfer beim Graben in der Erde, sie alle sind sehr nützlich und entziehen sich schon durch ihren Aufenthalt und ihre außergewöhnliche Geschwindigkeit der Verfolgung Unkundiger zu unserm Besten. Gegen Thiere hat ihnen dagegen die Natur ein Schutzmittel in der Form eines ätherischen, scharfen Stoffes von durchdringendem Geruche verliehen, den die meisten, wenn man sie angreift, von sich geben.

Ein allgemein bekanntes und beliebtes Käferchen, das nicht nur als Käfer, sondern auch als Larve die Blattläuse eifrig vertilgt, ist der Siebenpunkt (Coccinella septempunctata) auch Marienkäfer, Sonnenkäfer, Gotteshühnchen genannt, mit seiner zahlreichen Sippe. Das Käferchen selbst ist zu bekannt, um einer Beschreibung zu bedürfen. Die Larve ist ungefähr 1 Centimeter lang, nach hinten schlank zugespitzt, hat sechs Beine und ist ganz mit Wärzchen und kleinen Dornen bedeckt, in denen sich eine regelmäßige weiße und rothe Zeichnung bemerkbar macht. Die Larven halten sich mitten in den Blattlauscolonien auf und verlassen einen Zweig nicht eher, als bis er völlig von seinen Schmarotzern gesäubert ist. Die Puppe findet man in Gestalt einer Halbkugel mit dem Hinterleibe an Blättern und Zweigen aufgehängt.

Wie die Larven des Sonnenkäfers sind auch die der Florfliege Feinde der Blattläuse. Die Fliege, die wir oft noch im Winter um unsere Lampen fliegen sehen und die sich durch die vier feingegitterten, grünlichen, glasartigen Flügel, so wie die halbkugeligen glänzend goldfarbenen Augen kenntlich genug macht, legt ihre, von einem haarförmigen langen Stielchen getragenen Eier mitten in die Blattlauscolonien hinein. Die Larven, denen des Sonnenkäfers in der Form ähnlich, sind gelbbraun, mit tüchtigen Freßzangen bewaffnet und leben von den Blattläusen, bis sie sich zur Zeit ihrer Verwandlung in einem ovalen Tönnchen verpuppen.

Eben so fleißige Verfolger der Blattläuse sind die raupenähnlichen Larven der Schwebfliegen. Sie sind grün, 1,5 Centimeter lang, hinten wie abgeschnitten und nach dem Kopfe scharf zugespitzt, sitzen, mit dem aufgerichteten Körper um sich herum tastend, ununterbrochen fressend, bis sie sich in Puppen, die Form und Farbe eines länglichen Harztröpfchens haben, verwandeln.

Alle Raupen und Larven haben einen grimmigen Feind an den zahllosen Arten von Schlupfwespen, die ihre Eier in die Raupen, Puppen, ja selbst in die Eier anderer Insecten legen. Natürlich gehen diese unfehlbar an der erhaltenen Einquartierung zu Grunde. Kein Aufenthalt, selbst nicht der im Innern der Stämme oder unter deren Rinde ist verborgen genug, um die darin lebenden Thiere vor diesen schlanken und behenden, oft winzig kleinen Insecten zu schützen.

Selbst die Ameisen, die allerdings wohl meistentheils dem von den Blattläusen ausgeschwitzten Honigsafte nachziehen, wissen sehr gut die kleinen Spinner- und Wickler-Raupen zu finden und aus ihren Verstecken herauszuziehen. An heißen Sommertagen kann man unausgesetzt beobachten, wie die Thierchen, oft mehrere zusammenlebende, Raupen, die ihnen an Gewicht fünffach und mehr überlegen sind, davonzerren.

Aus dem Pflanzenreiche sind es winzige Pilze und Schimmelbildungen, die, besonders bei Eintritt zeitweilig kühlen Wetters, meistens im Spätsommer Larven und Blattläuse plötzlich zerstören. Die getödteten Thiere bleiben, als wenn sie lebten, an den Nährpflanzen sitzen, sind dabei mit einem weißen mehlartigen Puder, eben diesen Schimmelbildungen überzogen und mit deren Gewebe auch im Innern vollständig angefüllt.

Dennoch geben wir den Rath, so bald der Züchter einen Feind massenhaft an seinen Rosen auftreten sieht, sich nicht auf die Natur allein zu verlassen, sondern die obenangegebenen Mittel, soweit es Zeit und Umstände gestatten, anzuwenden und mit möglichster Energie der Vermehrung und der damit verbundenen Zerstörung seiner Pflanzungen Einhalt zu thun.

---

## 12. Capitel.

### Rosenfeinde aus dem Pflanzenreiche.

In den meisten Fällen schlimmer, als die Feinde aus dem Thierreiche sind die aus dem Pflanzenreiche, die in Form mikroskopischer Pilze und Schimmelbildungen die Blätter und Zweige unserer Rosen bewohnen und verderben.

Die Art der Bekämpfung der verschiedenen Schmarotzer ist ziemlich dieselbe, so wie sich auch die von ihnen hervorgerufenen Erscheinungen in vielen Fällen ähneln. Es soll hier deshalb nur einiger Erwähnung geschehen:

Erysiphe clandestina, bildet auf den Rosen den sogenannten Mehlthau, einen glanzlosen, staubigen Ueberzug der Blätter und jungen Triebe von weißlichgrauer Färbung, der, wo er auftritt, sehr rasch um sich greift und besonders im Herbste, wenn die Nächte kühl zu werden beginnen, ganze Pflanzungen überzieht.

Phragmidium incrassatum, der Rosenrost, ist mitunter eine böse Plage für den Rosenzüchter. Er überzieht besonders die untere Seite der Blätter mit einem dicken, braunrothen, auch ziegelfarbenen Pulver, das mit der Zeit die Blätter tödtet. Selbst aus den Zweigen bricht er stellenweise in Gestalt dicker, rother Polster durch (besonders bei Wildlingen) und verbreitet sich schnell durch die sich reichlich entwickelnden Sporen.

Uredo rosae, eine Entwickelungsform des vorigen, ist in seinen Erscheinungen mit ersterem identisch.

Außer diesen kommen noch verschiedene andere Pilze auf den Rosen vor, die theils an den Stämmen, theils an Zweigen und Blättern Erscheinungen krankhafter Natur hervorrufen. So ist z. B. auch der Brand, der an den Stämmen die Form schwarzer Polster annimmt, von einer Pilzbildung hervorgebracht.

Es sind eine Unzahl Mittel zur Vertilgung der Schmarotzer aus dem Pflanzenreiche, die unsere Nutz- und Luxuspflanzen bewohnen und zerstören, vorgeschlagen und angewandt worden, ohne daß man von dem gründlichen Erfolge des einen oder des anderen gehört hätte. Manches Mittel, wie z. B. die viel empfohlene Carbolsäure, ist in genügender Stärke in Form flüssiger Lösung wohl geeignet, Schmarotzerpilze zu zerstören, aber nicht, ohne vorher deren Nährpflanzen getödtet zu haben. Ein Zerstören auf chemischem Wege ist nicht gut möglich, da der betreffende Stoff, der den Pilz tödten soll, doch erst in den Organismus der Pflanze, auf der der Pilz lebt, eingedrungen sein und verarbeitet werden müßte. Es ist aber wohl kaum zu bezweifeln, daß ein Stoff, der den Pilz tödten soll, doch erst die Nährpflanzen, die den Uebergang in den zu zerstörenden Schmarotzer vermitteln sollen, tödten würde, wodurch der Pilz allerdings mit zu Grunde ginge. Es bleibt also nur ein mechanisches Zerstören über und dies ist immerhin mit einigem Erfolge durch das Bestäuben mit Schwefelblüthe erreicht worden, die man in reichlicher Menge über die Pflanzen, an denen sich Pilze und Schimmelbildungen zeigen, streut. Da man dasselbe eben so gut aber auch mit Chausseestaub erreicht hat, als mit Schwefelblüthe, so spricht das wohl am besten dafür, daß nur von einer mechanischen Zerstörung der in Frage stehenden Parasiten die Rede sein kann.

Außer vorstehendem Verfahren zur Bekämpfung des Uebels bleibt nun noch das, kranke Pflanzentheile, soweit das möglich ist, rechtzeitig zu entfernen. In erster Linie soll der Züchter nie einen Wildstamm pflanzen, an dem er Brandstellen, Krebswunden, überhaupt Schäden irgend welcher Art sieht. Man wird einen solchen Stamm, möge man soviel daran doctern, als man wolle, nie zu einem wirklich verkäuflichen machen, es ist daher kein großes Opfer, wenn man so kranke Wildlinge vor dem Pflanzen ausmerzt. In der Schule selbst werden sich dann selten oder nie diese Krankheitsformen entwickeln. Wohl zeigt sich stellenweise während des Sommers der Rosenrost in Gestalt dicker, stäubender Polster von röthlicher Farbe an jungen Trieben und Blattstielen der Wildlinge. Dann ist es nothwendig, sorgfältig alle erkrankten Theile zu entfernen und zu verbrennen. Da die Krankheit selten massenhaft an den Wildlingen auftritt, so ist dies nicht all zu schwierig und hält man in den meisten Fällen mit dieser geringen Arbeit den Schaden von den edeln Rosen fern.

Das beste Mittel gegen alle Pilzkrankheiten überhaupt ist ein freier, luftiger Standort. So belegene Schulen und Pflanzungen werden selten oder nie von einem allgemeinen Befallen zu leiden haben.

Das Befallen der Rosen durch den Schimmel tritt in zwei Hauptperioden auf, einer frühen und einer späten. In der frühen Periode sind es immer nur einzelne Sorten, die vorherrschend heimgesucht werden; es ist daher jedem Gärtner anzurathen, daß er solche zur Krankheit neigende Rosen aus seinem Sortimente, überhaupt aus seinen ganzen Culturen ausscheidet, um so mehr, da es besonders nur einige dunkle Rosen sind, für die sich recht gut ein Ersatz finden läßt. Es sei hier nur die eine derselben, Géant des batailles, genannt, deren übrigens sehr schön gefärbte Blume oft schon im ersten Flor mit weißen Schimmelflecken bedeckt ist, während das Laub sich schon in der ersten Entwickelung vollständig damit überzogen hat. Tritt der Schimmel früh auf, so leidet gewöhnlich das Holz durch denselben. Die jungen Triebe, die an den meisten Rosen eine glatte, glänzende Rinde haben sollen, überziehen sich mit einer weißlichen trockenen Borke, die jedem Käufer zeigt, daß die angebotene Waare einen schlimmen Sommer durchgemacht hat. Wenn auch der Pilz an solchen Pflanzen in veränderten, günstigen Verhältnissen nicht wieder kommt, so ist deren Jahreswachsthum doch bedeutend aufgehalten und verfehle man nicht, Sorten, die dazu neigen, auszuscheiden und, wenn der Pilz zeitig auftritt, die angegebenen Mittel möglichst anzuwenden, damit der Pilz nicht auch die andern, für gewöhnlich schimmelfreien Sorten mit überzieht.

Tritt dagegen das Befallen erst dann ein, wenn der Abschluß des Jahreswachsthums als nahe bevorstehend angesehen werden darf, so hat man nicht mehr zu befürchten, daß das Holz angegriffen wird. Der Schimmel beschränkt sich dann auf die, ohnehin schon bald abfallenden Blätter, befällt in dieser Zeit auch meistentheils die ganzen Rosenpflanzungen mit Ausnahme einiger weniger Sorten, so daß dem Uebel mit den zu Gebote stehenden, immerhin nur unvollkommenen Hilfsmitteln doch nicht erfolgreich zu begegnen sein würde. Man kann also um diese Zeit der Sache, ohne für die gute Beschaffenheit der Rosen fürchten zu müssen, ihren normalen Lauf lassen, bis es gelingen wird, ein sich in allen Fällen bewährendes, einfaches und billiges Radicalmittel zu entdecken, doch dürfte dies in den meisten Fällen, wo es sich um Zerstörung pflanzlicher Parasiten auf Pflanzen handelt, sehr schwer sein.

---

# 13. Capitel.

## Muster-Sortiment

### von 200 Rosen-Sorten, die sich als gut in jeder Hinsicht bewährt haben.

---

Bei den vielen, nach Tausenden zählenden Rosensorten ist es sehr schwer, ohne jahrelanges, mit sehr erheblichen Geldopfern verbundenes Probiren ein Sortiment von mäßiger Ausdehnung zusammenzustellen, in das nur *wirklich gute* Sorten aufgenommen sind. Bei der Beurtheilung der Güte einer Rose sind sehr verschiedene Punkte in's Auge zu fassen. Von der Pflanze selbst muß man *Widerstandsfähigkeit* gegen *Witterungseinflüsse, kräftigen* Wuchs, Bildung einer *wohlgeformten Krone* oder *eines* ebensolchen Busches, *gut gebildete* und *schön* gefärbte Belaubung beanspruchen. Die Pflanze soll *reich* und *leicht* blühen und die Blüthen selbst müssen sich dem Auge *vortheilhaft* gestellt zeigen.

Von den Blüthen selbst sind folgende Eigenschaften zu verlangen: *Gute Haltung, schöne Farbe,* guter Bau der *Blume, möglichste Füllung* und *feiner Duft,* ferner eine gewisse *Unempfindlichkeit* gegen Regen und Sonnen*brand.*

Natürlich sind nicht immer alle guten Eigenschaften der Pflanzen und Blüthen in einer Sorte vereinigt, es ist aber darnach zu streben, bei Auswahl eines Sortimentes aus den vielen im Handel befindlichen Sorten die zu wählen, die wenigstens möglichst viele derselben in sich vereinen. Dieses Bestreben war bei Auswahl des nachstehenden Sortiments allein maßgebend. Es umfaßt aus den verschiedenen Rosen-Classen 200 Sorten, die als eine Musterauswahl für Handelsgärtner und Rosenzüchter dienen können. Die Auswahl selbst beruht keineswegs auf Willkür, sondern ist nach der Angabe und den Beobachtungen bewährter Züchter, sowie nach meinen eigenen, langjährigen Beobachtungen an einem sehr großen Sortimente getroffen worden. Ganz besonders dankbar bin ich den Herren Gebrüder Schultheis in Steinfurth bei Bad-Nauheim, die mir mit der größten Zuvorkommenheit ein Verzeichniß von Rosen zur Verfügung stellten, die sie während ihrer langjährigen praktischen Thätigkeit als die in jeder Beziehung vorzüglichsten in ihrem reichen Sortimente und ihren einen Weltruf genießenden Rosenschulen erkannt haben. Es läßt sich voraussetzen, daß manche der gewählten Sorten in gewissen Verhältnissen nicht alle die Vorzüge entwickeln werden, die ihre Aufnahme hier veranlaßten, immerhin aber werden sie sich noch so werthvoll zeigen, daß ihre Beibehaltung gerechtfertigt ist.

Es sind in dem Sortimente alle Formen und Farben mehrfach vertreten, so daß sich wieder kleinere Sammlungen danach aussuchen lassen, in denen, gleich wie in der ganzen Auswahl, Rosen jeden Genres vertreten sind. Ebenso wird es vorkommen, daß Züchter einige ihnen werthe Sorten hier vermissen, es ist dann aber mit Bestimmtheit anzunehmen, daß andere, den fehlenden in jeder Beziehung an die Seite zu stellende und ihnen in den Haupteigenschaften gleiche Sorten aufgeführt sind. Die Beschreibungen sind theilweise dem Verzeichnisse der Herren Gebrüder Schultheis entnommen, theilweise nach meinen eigenen Aufzeichnungen angefertigt oder ergänzt.

### Abkürzungen.

Bl. = Blume, kl. = klein, mgr. = mittelgroß, gr. = groß, s. gr. = sehr groß, gef. = gefüllt, geb. = gebaut.

## Hybride-Remontant-Rosen.

**Rosa hybrida bifera.**

Abbé Bramerel, Bl. gr., gef., schöne Form, gute Haltung, glänzend carmoisinroth mit dunkel sammtartig nüancirt.

Abel Carrière, s. Treibrosen.

Achille Gonod, Bl. s. gr., gut gef. und von schöner Form, fast leuchtend carmin.

Alba floribunda, Bl. mgr. bis gr., gef., von schönem muschelförmigem Bau, zart fleischfarbig, weiß.

Alfred Colomb, Bl. gr., gef., centifolienartig geb., glänzend feuerroth.

Alfred K. Williams, Bl. gr., gef., schön geb., carminroth in magentaroth übergehend, sehr reich blühend.

Anna de Diesbach, Bl. s. gr., gef., prachtvoller hochkelchförmiger Bau und vorzügliche Haltung, leuchtend rosa, oft carmin geadert, wenig remontirend.

Antoine Mouton, Bl. s. gr., gut gef., centifolienartig geb., lebhaft rosa.

Auguste Mie, Bl. gr., gef., gut geb., glänzend rosa.

Auguste Neumann, Bl. gr., gef., leuchtend roth mit violett und feurig carmin nüancirt.

Aurore du Matin, Bl. s. gr., gef., regelmäßig geb., prachtvoll dunkelrosa, Rückseite der Petalen hell carminroth.

Baronne de Rothschild, s. Treibroseu.

Baronne Prevost, Bl. s. gr., innen ziemlich krause Füllung, sehr schön leuchtend rosa mit hellrosa Lichtern.

Boule de Neige, Bl. mgr. bis gr., stark gef., ziemlich flach geb., rein weiß, oft mit zart grünlichem Schein im Fond.

Camille Bernardin, Bl. gr., gef., leuchtend carmin.

Capitaine Christy, Bl. enorm gr., sehr gef., wenn auch nicht regelmäßig, hellrosa mit lachsfarbig rosa Nüancen, sehr schöne Haltung, Laub theerosenartig, remontirt sehr gut.

Cardinal Patrizzi, Bl. mgr., gef., sehr schön glänzend, carminroth mit dunkelpurpur Schatten.

Cheshunt Hybrid, Bl. gr., gef., carmin kirschroth. Eine der sogenannten Thee-Hybrid-Rosen, in deren Laub und Holz sich ihre Abstammung kennzeichnet.

Comtesse Cécile de Chabrillant, Bl. mgr., gef., sehr schöner regelmäßiger Musterbau, schöne Haltung, leuchtend rosa.

Comtesse de Palikao, Bl. s. gr., gef., zart rosa, in fleischfarbig-weiß übergehend.

Comtesse d'Oxford, Bl. s. gr., gef., leuchtend carmin mit roth nüancirt.

Constantin Petriakoff, Bl. s. gr., gut gef. und schön geb., becherförmig, prächtig leuchtend kirschenroth, Centrum dunkler, sehr reich blühend.

Coquette des Blanches, Bl. mgr., dicht gef., sehr schön geb., rein weiß, sehr dankbar.

Crimson Bedder, s. Treibrosen.

Deuil du Prince Albert, Bl. mgr. bis gr., gef., sehr dunkel sammtartig purpur mit fast schwärzlichen Nüancirungen. Im Centrum leuchtend roth.

Docteur Hénon, Bl. gr., gef., rein weiß mit gelb tuschirt.

Duchesse de Cambacérès, Bl. gr., gut gef., von musterhaftem regelmäßigen Bau, sehr schönes glänzendes rosa.

Duchesse de Vallombrosa, s. Treibrosen.

Edouard Pynaert, Bl. gr., gef., kugelförmig, leuchtend johannisbeerroth, Rand der Petalen leicht carmin, sehr reich blühend. Eine der schönsten, leuchtendsten Rosen.

Elisa Boelle, s. Treibrosen.

Elisabeth Vigneron, Bl. s. gr., gut gef., innen kraus, sehr schön leuchtend rosa, Rückseite der Petalen heller, sehr hart, dankbar blühend.

Erneste Bergmann, Bl. mgr. bis gr., sehr dicht gef., bis in die Mitte regelmäßig muschelförmig geb., sehr schöne Haltung, Farbe fleischfarbig weiß, einzelne der Petalen dunkler gerändert, sehr schön.

Eugène Appert, s. Treibrosen.

Fire Brand, Bl. gr., fast gef., von guter Haltung, Farbe prächtig feurig carmin mit dunkeln sammtartigen Schatten.

Fischer Holms, Bl. gr., gef., schöner Rosenbau, prachtvoll blendend scharlachroth, sehr gut.

François Arago, Bl. mgr., fast gef., sehr dunkel carmin, sammtartig mit schwärzlichen Nüancirungen.

François Courtin, Bl. gr., gef., Petalen theilweise schwach hahnenkammartig gezackt und gefaltet, purpurkirschroth, Rückseite heller mit schwachem Glanz.

Général de la Martinière, Bl. gr. bis s. gr., gut gef., sehr schön hoch kelchförmig geb., Grundfarbe hell schieferfarbig mit leuchtend amaranthrothen Reflexen, sehr gute Haltung.

Général Jacqueminot, s. Treibrosen.

Général Washington, Bl. gr., sehr stark gef., Farbe blendend carmin, sehr gut remontirend.

Gloire de Ducher, Bl. von enormer Größe, unregelmäßig gef., hellschieferfarbig mit leuchtend purpur in der Mitte.

Gonsoli Gadano, Bl. s. gr., seidenartigweiß wie Souvenir de la Malmaison, prachtvoll.

Jean Liabaud, Bl. s. gr., gef., sammtartig carmin mit schwärzlichrothem Widerschein.

Jean Soupert, Bl. gr., gef., imbriquirt, sammtartig purpur. Von allen dunklen Rosen durch besonders schönen, camellienartigen Bau, einzelne große tiefdunkle Nüancen als eine Rangrose erster Classe ausgezeichnet.

John Hopper, s. Treibrosen.

Jules Margottin, s. Treibrosen.

La France, s. Treibrosen.

La Reine, obgleich alt, noch immer eine der schönsten Rosen, Bl. s. gr., s. gef., schöner runder Bau, rosa mit sehr zartem rosavioletten Anhauch im offenen Zustande.

La Rosière, Bl. s. gr., gef., amaranthroth, feuerroth, äußere Petalen bläulich schwärzlich. Uebertrifft Pierre Notting und Prince Camille de Rohan durch sehr tiefen Farbenton, sowie auch durch stärkeren Wuchs, gut für Hochstämme geeignet.

Le Schah, Bl. gr., gef., leuchtend roth, reine Färbung ohne Schattirung.

Louis van Houtte, Bl. gr., gut gef., schöner Rosenbau, leuchtend carminroth mit purpurnem Reflexen.

Louise d'Arzens, Bl. mgr., gut gef., sehr gut geb., schönes reines Weiß, sehr dankbar.

Madame Alfred de Rougemont, Bl. mgr. bis gr., gut gef., sehr schöner regelmäßiger, kugelförmiger Bau, sehr zart weißlich rosa, im Fond etwas intensiver gefärbt, sehr dankbar blühend und mit schöner Belaubung.

**Madame Jules Caboche**, Bl. gr., gef., schöne Haltung, prächtig leuchtend rosa.

**Madame Lacharme**, s. Treibrosen.

**Madame Marie Finger**, Bl. gr., gef., leuchtend fleischfarbigrosa, Mitte dunkler, reich blühend und von kräftigem gedrungenen Wuchse.

**Madame Marie Manissier**, Bl. mgr., gef., frisch glacirtes rosa. Von Anna Alexief stammend (hier nicht aufgenommen), vereint sie alle guten Eigenschaften der Letzteren mit einer bedeutend schöneren und regelmäßigeren Blume und feinerer Farbe.

**Madame Moreau**, Bl. gr., schöne malvenartige Füllung, sehr gute Haltung, Bl. leuchtend roth mit ponceau und violetten Nüancen, sehr schön.

**Madame Rocher**, Bl. s. gr., 14 Centimeter Durchmesser, gef. und schön geb., glänzend lebhaft rosa, reich blühend.

**Madame Rolland**, Bl. gr., gef., gut geb., fleischfarbig weißlich rosa.

**Madame Rose Charmeux**, Bl. mgr. bis gr., dichte, krause Füllung, flacher Bau, vorzügliche Haltung und schöne Belaubung, Farbe dunkel carmin mit schwärzlich sammtartigen Nüancirungen. Eine der haltbarsten Blüthen.

**Madame Scipion Cochet**, Bl. s. gr., gef., imbriquirt, leuchtend kirschenrosa, silberartig gerandet. Diese Rose nimmt unter den neueren durch ihr prachtvolles Laub und das gute Aufblühen ihrer Bl. einen der ersten Plätze ein.

**Madame Victor Verdier**, Bl. gr., gef., vom edelsten Rosenbau, leuchtend carminroth mit purpur gewölkt, prächtige ältere Sorte.

**Mademoiselle Emma All**, Bl. s. gr., gef., kugelförmig, glänzend carminlachsrosa, Kehrseite der Petalen weißlich.

**Mademoiselle Eugénie Verdier**, Bl. mgr., gef., incarnatrosa in weißlich Rosa übergehend.

**Mademoiselle Eugénie Wilhelm**, Bl. mgr., gef., dunkel amaranthpurpur mit schwärzlich feuerroth nüancirt.

**Magna Charta**, s. Treibrosen.

**Marguerite de St. Amand**, Bl. gr. bis s. gr., kraus gef., Blume leuchtend fleischfarbig rosa, Rückseite der Petalen silberartig rosa.

**Marchionesse of Exeter**, Bl. s. gr., gef., prächtig geb., hellrosa mit leuchtend kirschenrosa untermischt.

Marie Baumann, Bl. gr., gut gef., schön geb., von guter Haltung und sehr dankbar, prachtvoll lebhaft roth. Mit Recht trotz ihres Alters allgemein verbreitet und beliebt, sehr empfehlenswerth.

Marquise de Castellane, Bl. s. gr., schön gef., und von gutem Bau und vorzüglicher Haltung, Farbe ein prächtiges, sattes Rosa.

Maurice Bernardin, Bl. gr., gef., glänzend hell zinnoberroth.

Maxime de la Rocheterie, Bl. gr., gut gef., schöne Haltung und Form, sammtartig schwärzlich purpur mit runden leuchtend carmin Reflexen.

May Turner, Bl. s. gr., schön gef., von edeler Form und guter Haltung, prachtvoll zart rosa, Rückseite der Petalen hell rosa carmin.

Mistriss Laxton, Bl. gr., gef., gut geb., glänzend carminrosa.

Mr. Liervall, Bl. gr. bis s. gr., schönste Malvenfüllung, guter compacter Bau und schöne Haltung, dunkel purpur mit feuerrothen und hellcarmin Reflexen.

Monsieur Taillandier, Bl. gr., s. gef., schönster regelmäßiger Bau und edle Haltung, Farbe sehr zart rosa-weiß, im Entwickeln oft dunkel rosa gerandet.

Newton, Bl. mgr., leuchtend johannisbeerroth, sehr schöne, dankbare Sorte.

Olga Marix, Bl. mgr. bis gr., gef., sehr schön geb., dankbar blühend, sehr zart fleischfarbig weiß.

Palais de Cristal, Bl. mgr. bis gr., sehr gef., regelmäßiger Bau und schöne Haltung, Farbe zart weißlich rosa, Rand der Petalen etwas intensiver gefärbt, sehr haltbare Blume.

Panachée de Luxembourg, Bl. mgr., gef., violett purpur mit lachsrosa gestreift und punktirt.

Paul Neyron, Bl. s. gr., gef., im Centrum kraus, Farbe satt rosa oft mit schwach schieferfarbigem Schein. Von allen bekannten Rosen die größte. Die Blumen stehen einzeln, aufrecht, auf kräftigen Trieben. Sehr effectvoll.

Pavillon de Pregny, Bl. mgr., ziemlich gef., guter Bau, sehr reich blühend. Eigenartige Färbung. Blumen im Aufblühen und im Anfang des Blühens leuchtend rosa, später allmälig in violettschieferfarbig übergehend. Rückseite der Petalen während der ganzen Zeit rein silberweiß. Ebenso originell als schön.

Perle des Blanches, Bl. mgr., gef., schön geb., in Büscheln blühend, rein weiß.

Pierre Notting, Bl. gr., gut gef. und von schönem hochkegelförmigen Bau, Farbe schwärzlich roth mit violetten und ponceau Lichtern.

Président Lincoln, Bl. gr., gef., flach schaalenförmig geb., schön carminroth mit dunkelrothen Wolken.

Prince Camille de Rohan, Bl. gr., gef., sehr schön dunkelsammtartigroth mit bräunlichem Schein und blutrothen Lichtern. Sehr schön.

Princesse Marie Dolgorouky, Bl. s. gef., s. gut geb., becherförmig, prächtig seidenartig rosa, sehr oft panachirt, mit carmin gestreift.

Reynolds Hole, Bl. gr., gef., gut geb., dunkelpurpur mit bräunlichem Schatten. Theerosenartiges Laub.

Rosy Morn, Bl. s. gr., gef., schöne Form, prächtige Haltung, pfirsichfarbig mit rosa schattirt, sehr wohlriechend. Eine der schönsten ihrer Art, durch Wuchs, Haltung und Stellung der Blume ist sie Baronne de Rothschild ähnlich.

Sénateur Vaïse, s. Treibrosen.

Soeur des Anges, Bl. mgr., bis gr., gef., sehr gut geb., zart fleischfarbig weiß, in der Mitte intensiver gefärbt, sehr dankbar blühend.

Souvenir d'Abraham Lincoln, Bl. mgr., gef., carmoisinroth mit feuerroth erhellt.

Souvenir d'Auguste Rivière, Bl. gr., gef., sehr schön geb., glänzend sammtartig carmoisinroth mit scharlach Reflex, dunkel kastanienbraun schattirt.

Souvenir de Charles Monteault, Bl. gr., gef., von guter Haltung, dunkelfeuerroth, sammtartig, mit hellen Reflexen.

Souvenir de la Princesse Amélie des Pays-Bas, Bl. s. gr., gef., kegelförmig, granatroth mit purpur schattirt. Ist wegen ihres starken Wuchses, überreichen Blühens und wunderschöner hellgrüner Belaubung nicht genug zu empfehlen.

Souvenir de Madame Alexis Michaud, Bl. gr., gef., gut geb., leuchtend dunkelrosa, sehr schöne Farbe, dankbar blühend.

Souvenir de William Wood, Bl. gr., gef., schön geb. schwarzroth mit feuerrothem Reflex. Obwohl eine der ältesten dunkeln Rosen ist sie bis heute als solche noch nicht übertroffen. Durch die tiefdunkle Farbe, schönes Wachsthum und broncefarbige Belaubung vortheilhaft ausgezeichnet.

Souvenir du Docteur Jamain, Bl. mgr. bis gr., gef., sehr schön dunkel sammtartig purpur, oft mit violettem Scheine.

Sultan of Zanzibar, Bl. mgr., gef., kugelförmig, schwärzlich kastanienbraun, Rand der Petalen scharlachroth.

Triomphe d'Angers, Bl. mgr., gef., hübsch geb., sammtartig purpur mit feuerroth nüancirt, sehr dankbar, von nur mäßig starkem Wuchse.

Triomphe de l'Exposition, s. Treibrosen.

Triomphe des Rosomanes, Bl. gr., gef., sammtartig schwärzlich carmin mit feuerroth nüancirt. Kehrseite der Petalen schieferfarben.

Van Houtte, Bl. s. gr., gef., prächtig centifolienförmig geb., amaranthfeuerfarbig mit schwärzlichcarmoisin schattirt. Bl. von einem eigenthümlichen tiefen sammtartigen Farbenschmelz.

Virginal, Bl. gr. gef., schön rein weiß.

Xavier Olibo, Bl. gr., gef., schwärzlich sammtartig mit sehr leuchtend feurigem Amaranthroth nüancirt.

## Thee-Rosen.

**Rosa Thea indica fragrans.**

A Bouquet, Bl. ziemlich gr., gef., sehr reich in kleinen Büscheln blühend, weiß mit trübe zinnoberroth.

Adrienne Christophle, s. Treibrosen.

Aline Sisley, Bl. gr., gef., dunkelrosa in Violett übergehend. Neue Theerosenfarbe.

Alphonse Karr, Bl. gr., gef., gut geb., imbriquirt, purpurroth mit carmin erhellt, Centrum heller, sehr reich blühend.

Amazone, Bl. mgr., gef., lang geb., dunkelchromgelb mit chamois im Fond, Rückseite der äußeren Petalen mit carmin getuscht, sehr reich blühend.

Belle Lyonnaise, Bl. gr., gef., prachtvoll geb., von vorzüglicher Haltung, dunkel canariengelb in lachsgelb übergehend.

Comte de Sembuy, Bl. gr., gef., lachsrosa mit gelbrosa, Rückseite der Petalen silberartig. Fast so groß wie Maréchal Niel, nur dunkler.

Comtesse de Limerick, Bl. gr., gef., schöne Form und gute Haltung, rein weiß.

Comtesse Riza du Parc, Bl. gr., gef., chinesisch rosa, Grundfarbe kupferartig.

Coquette de Lyon, Bl. mgr., bis gr., gef., schön geb. und von guter Haltung, zeisiggelb, sehr schön.

Cornelia Koch, Bl. gr., sehr gef., schöne Haltung, zartes gelb, theilweise fast weiß mit zarten rosa Reflexen. Sehr schön.

Duchesse Mathilde, s. Treibrosen.

Gloire de Dijon, s. Treibrosen.

Helvetia, Bl. gr., sehr dichte, ziemlich krause Füllung, schön in Bau und Haltung, lachsrosa, Centrum gelblich pfirsichfarben, sehr schön und dankbar.

Homère, s. Treibrosen.

Jeanne d'Arc, Bl. mgr., gef., in Büscheln blühend, Farbe gelblich weiß, auch weiß mit zart rosa Centrum, sehr schöne feine Belaubung.

Jean Ducher, Bl. gr., gef., kugelförmig, lachsgelb mit pfirsichroth nüancirt.

Jean Pernet, Bl. s. gr., gef., sehr schön geb., Farbe prächtig leuchtend schwefelgelb.

Innocente Pirola, Bl. breit, gef., gut geb., mit länglicher dicker Knospe, rein weiß. Besonders kräftig wachsend und sehr reich blühend.

La Nuancée, Bl. mgr., gef., weißlich mit kupferartiger Grundfarbe, später leuchtend lachsgelb, Rand der Petalen rosa, sehr kräftig wachsend und reich blühend.

Madame Chavaret, Bl. gr., gef., aprikosengelb mit leicht lachsfarbig, in's Weißliche gehend, gute Sorte.

Madame Falcot, s. Treibrosen.

Madame François Janin. Bl. mgr., gef., hübsch geb., hochgelb, Petalen kupferartig gerandet, sehr dankbar blühend, wohlriechend.

Madame Lambard, Bl. gr., gef., schön leuchtend roth, Herbstflor blaß. Diese Rose ist besonders durch ihre reine Rosafarbe und durch ihren überaus reichen Herbstflor ausgezeichnet.

Madame Margottin, Bl. gr., gef., citronengelb mit pfirsichroth im Centrum.

Madame Welche, Bl. gr., gef., gut geb., gelb mit dunkelrothem Centrum.

Mademoiselle Lazarine Poizeau, Bl. mgr., gef., prächtig carmin mit gelb.

Marcelline Roda, Bl. gr., gef., gut geb., weiß auf gelbem Grunde.

Maréchal Niel, s. Treibrosen.

Marie Guillot, Bl. gr., gef., schön geb., schön weiß mit gelb getuscht.

Marie van Houtte, Bl. gr., gef., gelblich weiß mit leuchtend rosa berändert. Diese Rose ist durch ihren reichen Flor, dunkelbraunes Holz und Laub, sowie durch ihre schöne Knospe für Topfkultur geeignet.

Niphetos, s. Treibrosen.

Perle de Lyon, Bl. gr., gef., gut geb., dunkelgelb in's Aprikosengelb übergehend, sehr schöne, empfehlenswerthe Rose von größter Dankbarkeit.

Reine Marie Henriette, Bl., gr., gef., gut geb., Colorit schön kirschenroth. Ist als rothe Gloire de Dijon in manchen Catalogen aufgeführt, steht dieser, d. h. der gelben Gl. de D. in jeder Beziehung nach.

Shirley Hibbert, s. Treibrosen.

Sombreuil, s. Treibrosen.

Souvenir d'un ami, Bl. s. gr., gef., sehr zart rosa, kräftiges Wachsthum und schönes dunkles Laub, hängende Blumen, daher für Hochstämme geeignet, sehr schöne, bewährte Sorte.

Souvenir de Paul Neyron, Bl. mgr., lachsgelb, mit Rosa bordirt, sehr werthvoll als Bouquetrose.

Tantine, Bl. flach geb., dicht gef., Petalen in der Mitte der Länge nach schwach geknickt, gekielt, leuchtend ceriseroth. Leider fast ohne Geruch.

Triomphe de Luxembourg, Bl. s. gr., gef., roth mit aurorafarbener Mitte.

## Noisette-Rosen.

### Rosa indica Noisettiana.

Aimée Vibert, Bl. kl., dicht gef., vollständig rein weiß, sehr hübsche Belaubung, werthvolle Bouquetrose.

Bouquet d'Or, Bl. mgr., gef., dunkel gelb, mit kupferfarbigem und chamois Reflexen, sehr dankbar.

Caroline Marniesse, Bl. kl., sehr dicht gef., hübsch geb., Bl. im Aufblühen rosa, dann fast rein weiß. Noch viel zu wenig beachtet, Bl. sehr haltbar, unerschöpflicher Blüher oft Bouquets von 60 bis 80 Blüthen bringend.

Céline Forestier, s. Treibrosen.

Earl of Eldon, Bl. gr., gef., als Knospe sehr schön, Farbe sehr veränderlich, meistens rosalachsfarben mit rosacarmin und kupferfarbenen Reflexen.

Lamarque oder Thé Maréchal, Bl. gr., gef., rein weiß, Mitte zart gelblich, sehr schöne werthvolle Rose.

Ophirie, Bl. mgr., gef., kupferartig aprikosengelb.

Solfatare, Bl. gr., gef., schwefelgelb, sehr schön und dankbar.

Triomphe de Rennes, s. Treibrosen.

William Allen Richardson, Bl. gr., gef., gut geb., Farbe schön orangegelb, einzig in ihrer Art unter den Noisetten, schön.

Zillia Pradel, Bl. mgr. bis gr., gef., gut geb., reinweiß dankbar und schön.

## Bourbon-Rosen.

**Rosa indica Bourbonica.**

Amélie de la Chapelle, Bl. gr., ziemlich gef., hübsch geb., fast kugelförmig, sehr zart fleischfarbig rosa.

Baron Gonella, Bl. gr., gef., edelster Rosenbau, schön in Form und Haltung. Aeußere Seite der Petalen schön rosa, innere Seite fast carmin, prächtige, sehr dankbare Sorte.

Bouquet de Vierge, Bl. kl., gef., schön muschelförmig geb., weiß mit zart rosa Anhauch.

Catharine Guillot, s. Treibrosen.

Docteur Brière, Bl. gr., dicht gef., Blumenblätter sehr hübsch gefranst, leuchtend kirschenroth.

La Reine des Iles Bourbon, s. Treibrosen.

Louise Margottin, Bl. mgr., gef., leuchtend hellroth, kräftiger Wuchs und dankbares Blühen zeichnen sie vortheilhaft aus.

Louise Odier, s. Treibrosen.

Madame Cornelissen, Bl. gr., gef., weiß mit incarnat, fast wie Sr. de la Malmaison.

Madame Massot, Bl. mgr., gut gef., sehr schöner muschelförmiger Bau, zart weißlichrosa, oft fast rein weiß, blüht in großen Bouquets, sehr werthvoll.
Mademoiselle Blanche Lafitte, s. Treibrosen.
Mistress Bosanquet, s. Treibrosen.
Queen of Bedders, Bl. gr., gef., dunkel carmoisinroth, prächtige Sorte.
Souvenir de la Malmaison, s. Treibrosen.

## Bengal-Rosen.

**Rosa indica semperflorens,**

Cramoisi supérieur, Bl. mgr., ziemlich gef., gesättigt carmoisinroth, sehr empfehlenswerth.
Ducher, Bl. gr., gut gef., hübscher Bau, Farbe zart weiß mit gelblichem Schein. Sehr werthvolle, dankbare Sorte, an Farbe, Form und Duft den Theerosen sehr nahestehend.
Hermosa, s. Treibrosen.
Sanglant, Bl. gr., gef., veränderlich roth, zuweilen schattirt, gut.

## Centifolien-Rosen.

**Rosa Centifolia.**

Gewöhnliche Centifolie, s. Treibrosen.
Madame Hardy, Bl. kl. bis mgr., gef., rein weiß.
Unique Blanche (Unica), Bl. gr., gef., schön geb., rein weiß. Eine sehr gesuchte, schöne und werthvolle Sorte, die leider oft mit weniger guten Centifolien im Handel verwechselt wird.

## Provence-Rosen.

**Rosa gallica.**

Belle des jardins, Bl. gr., gef., purpurroth, leuchtend violettcarmin, gestreift mit rein weiß.
George Vibert, Bl. gr., gef., purpur mit weiß gestreift.
Oeillet flamand, Bl. gr., gef., weiß mit roth gestreift.
Tricolore de Flandre, Bl. gr., gef., weiß mit roth und purpurviolett gestreift.

## Kletter- oder Prairie-Rosen.

**Rosa rubifolia, arvensis et multiflora.**

Belle de Baltimore, weiß mit gelben Reflexen.
Félicité perpétuelle, Bl. mgr., gef., fleischfarbig weiß.
Madame Sancy de Parabère, Bl. mgr., gef., prächtig rosa.
Michigan Eva Corinna, hellrosa und dunkel.
Ornement des Bosquets, blauroth in Büscheln blühend.

## Kapuziner-Rose.

**Rosa lutea.**

Jeanne bicolor, Bl. gr., fast gef., kapuzinergelb mit roth.
Persian Yellow, s. Treibrosen.

## Einmal blühende Moos-Rosen.

**Rosa Centifolia muscosa.**

Blanche Simon, Bl. gr., gef., flach, rein weiß.
Cristata, Bl. gr., gef., Kelchblätter in hahnenkammartige, moosartige Theile ausgewachsen, zwischen denen die leuchtend rosa Knospe gebettet ist. Prachtvolle Rose, viel zu wenig geschätzt.
Gewöhnliche Moos-Centifolie, s. Treibrosen.
Reine Blanche, Bl. gef., flach, rein weiß.

## Remontirende Moos-Rosen.

**Rosa Centifolia muscosa bifera.**

Eugénie Guinoiseau, Bl. gr., gef., purpurviolett, carmin Reflexe.
James Veitch, Bl. mgr., gef., dunkelschieferfarbig mit feuerroth schattirt.
Madame Edouard Ory, Bl. gr., gef., lebhaft carminroth.
Madame Moreau, Bl. s. gr., gef., zinnoberroth mit weiß gestrichelt, reich blühend.
Soupert et Notting, s. Treibrosen.

## Polyantha-Rosen.

Anne Marie de Montravel, Bl. kl., gut gef., sehr imbriquirt, in großen Dolden von 40 bis 60 Blumen blühend, rein weiß, riecht wie Maiblumen, blüht ununterbrochen bis zum Eintritt des Frostes. Die Blüthe ähnelt einer dicht gefüllten, kleinen, weißen Winteraster.

# Inhalt.



Druck von Alfred Busch in Ermsleben.

Zeitfracht Medien GmbH
Ferdinand-Jühlke-Straße 7
99095 Erfurt, Deutschland
produktsicherheit@kolibri360.de